名窯を巡る、季節を飾る

有田焼で楽しむ
テーブルコーディネート

山野舞由未

世界文化社

はじめに

私は幼い頃、陶磁器や骨董が嫌いでした。

一人っ子だった私は、器好き、骨董好きな
両親の趣味で休日はいつも、有田の窯元や
湯布院の古美術商巡りに連れ回されていました。
両親が器選びに興じている間、
退屈のあまり、車中で寝ていることもしばしば。

そんな私が何故、
テーブルコーディネートの仕事を始めたのか？

私は人生の大半を家族のために食卓を設え、
食事を作ることに費やしました。
あっという間に子どもたちは
成長して巣立っていきましたが、
子育ての過程で過ごした英国やフランスで、
紅茶や食卓の文化に出会い、魅了され、
それに関わる仕事をしたいと思ったのが、
そもそもの始まりでした。

念願かない、テーブルスタイリストとして
様々な仕事をしてきましたが、
本書の撮影は、当日、窯元にお伺いして
初めて出会った器と

手持ちのテーブルウエアを合わせていくという、
今までにない、まさに即興の作業の繰り返しでした。
緊張と、高揚と、焦燥が入り混じるなか、
器の声が聞こえ、器に呼ばれ、
手にした器が収まるべき所へ収まっていく……
そんな瞬間が何度もありました。
その度に言葉にできない感動が私を包み、そして
器好きだった両親のことが、
少し理解できたような気持ちになったのです。

「あなたにとって
テーブルコーディネートとは何ですか？」
と聞かれることがあります。

私が一番大切にしていることは
「食事をしているシーンが見えること」です。
年老いて、何を食べたか誰と過ごしたかを
思い出せなくなったとしても、
楽しかった、美しい時間だった……と
思い出せるような食卓を設えること
――それが、私にとっての
「テーブルコーディネート」だとお答えしています。

本書が、皆様の日々の食卓や
おもてなしの空間に彩りを与えるヒントになれば
これほど嬉しいことはありません。

有田焼で楽しむテーブルコーディネート

目次

はじめに……2

第1章 有田を代表する9つの名窯でテーブルコーディネート……7

柿右衛門窯……8
井上萬二窯……18
今右衛門窯……26
辻精磁社……34
香蘭社……42
深川製磁……52
アリタポーセリンラボ……62
李荘窯業所……70
畑萬陶苑……80

第2章 今すぐ実践。素敵なテーブルコーディネートのためのテクニック集……89

テクニック1 色をリフレインする……91
テクニック2 アクセントカラーを効かせる……96
テクニック3 光を取り入れる……100
テクニック4 異素材との組み合わせ……104
テクニック5 テーブルクロスに頼る……110
テクニック6 モダンに見せるには……114
テクニック7 物語を食卓に……116
テクニック8 シーンに合わせて設える……118

第3章

春夏秋冬――季節のおもてなしを有田焼で楽しみましょう……123

春――桜色の茶話会……124

夏――夕涼みのおもてなし……128

秋――実りのティーパーティ……132

冬――新春を寿ぐ食卓……136

第4章

陶祖から骨董、名コレクションまで。400余年の有田焼の歴史を学ぶ……141

陶祖李参平窯……142

佐賀県立九州陶磁文化館……148

古美術 西山……152

おわりに……158

第1章 有田を代表する9つの名窯でテーブルコーディネート

名実ともに有田を代表する9つの名窯を巡り、
窯元がもつ歴史的建造物やご当主のご自宅など
特別な空間で設えたテーブルコーディネートをお目にかけます。
400余年を経て、未来へ踏み出す有田の「今」を感じてください。

柿右衛門窯

有田の中心地から少し離れた
南《なん》川《が》原《わら》山《やま》地区にある柿右衛門窯。
その作陶は柿右衛門様式として
一六七〇年頃から盛んに欧州へ
輸出され、西洋の磁器の歴史にも
多大な影響を与えてきました。

**コーディネートのテーマは
歌舞伎『名工柿右衛門』。
物語が、食卓から庭へと
広がっていくイメージで**

十三代柿右衛門（一九〇六〜一九八二）が晩年を過ごしたという離れにある、主屋を望む和室。この部屋は、十三代が作陶のデザインのイメージ作りに専念した場所でもあるそうです。そんな由緒正しい空間でのテーブル

コーディネートのテーマは、一九一二年、十一世片岡仁左衛門初演の歌舞伎『名工柿右衛門』（注1）の物語――。思うように赤の色が出せない柿右衛門は、許婚の不義理によって命をたった娘おつうの死に際し「竈の火は消えても、胸の火は消えぬ」と呟き、庭の柿の木を見つめながら赤絵の成功を心に誓います。座卓の上にはその名言をしたため歌舞伎扇子を配し、作中で柿右衛門が見つめた柿の木へと物語がつながる趣向にしました。

【テーブルコーディネートに使った器】
向付 染錦 柿葉形、
猪口 染錦 柿葉形、
飯碗（大）染錦 三方割草花文、箸置 染錦 柿葉形、
銚子揃（面取）菊文 、
花を活けた器 濁手 唐梅文 皿

8ページ／十三代柿右衛門が晩年を過ごされた離れの座敷。

9ページ／右上・蝋梅を描いた濁手の鉢にたっぷりの夏櫨（なつはぜ）と金糸梅を活けて。右下・二面の扇子に書かれた文字は「竈の火は消えても、胸の火は消えぬ」。

左・柿の赤が美しい向付の皿に、アールデコ様式のバカラのグラス、緑のないシンプルなお膳、すっきりと畳んだ白いナプキンを合わせましたが、それらが目立ちすぎず、器の美しさに目がいくように計算されています。

茅葺屋根の主屋と和の庭を借景に銀器やクリスタルで光を加えた柿右衛門らしいアペロスタイルを

「伝統と伝承は違う。単に昔の仕事を引き継ぐのは伝承で、伝統とはその時代の呼吸が感じられる仕事として成すということ」。十四代の言葉（注2）に導かれて、私なりに時代の呼吸を意識した、アペロとアフタヌーンティーの設えを展開しました。十三代柿右衛門の過ごした離れには食事もできるほど広い縁側があります。右手には築二〇〇年の茅葺屋根を頂く主屋、左手には古窯跡もある南川原山の借景が広がります。撮影当日は大雨で薄暗かったのですが、シルバーのトレイに映り込む器の白さや柄の美しさ、クリスタルガラスの透明感が程よく光を通して、侘びた夏の宵酒の情緒を醸し出しています。

【テーブルコーディネートに使った器】
奥・半酒器（四方割）松竹梅文、皿（7寸縁反）花実文、
右手前・ぐい呑（大）錦 柿文、額皿（4.5寸）梅鳥文、
左・ぐい呑 栗鶉文、ぐい呑 梅鳥文、皿（菊花形）青磁、
ぐい呑（大）菊文、猪口 染錦 柿葉形

日本家屋の暗さにレフ板効果で光を取り入れる役目をしていたのが金屏風です。それにヒントを得て、雨の日の薄暗い縁側に、柿右衛門の器とシルバーのトレイ、イギリスアンティークのトレイ、クリスタルガラスの花器やグラスをつないでいきます。柿右衛門の赤と染付の青を花や団扇の色でリフレインさせることで、全体に統一感を生み出しました。さらに茶色のお膳を1客加えることで、縁側と主屋の茅葺屋根との一体感を作ります。

【テーブルコーディネートに使った器】
奥・茶壺（小）染錦 松竹梅地文、
手前・珈琲碗（縁反）菊鳥文、
珈琲碗（縁反）栗鶉文、
皿（7寸縁反）花実文

アフタヌーンティーの設え。伝統的な柿右衛門様式のカップと合わせたのはイギリスアンティークのシルバーポット。重くなりすぎないように博多曲物のトレイを合わせます。

有田に柿右衛門あり。代々守り継がれてきた柿右衛門様式への思いを受け継ぐ十五代

山野　この南川原地区に、初代柿右衛門の時代からずっと窯を構えていらしたのですか？

十五代当主（以下十五代）　初代柿右衛門の父親は酒井田円西といって十七世紀の初め頃（一六一五〜二四年）に肥前白石から有田に移住してきたそうです。最初は楠木谷にいて一六六〇年頃に移ってきたと記録があります。

山野　初代柿右衛門が赤絵の焼成に成功するのが一六四四年から四八年頃とありますから、こちらに移られる前ですね？

十五代　酒井田家文書によると、その頃に「シイクワン」という中国人に技術を習い、工夫を重ねて赤絵の焼成に成功したとあります。それまで有田は染付の単色の磁器が中心でしたから、そこから華やかな赤絵の時代がスタートすることになりますね。

山野　いわゆる柿右衛門様式（注3）が確立したのは何年頃だったのでしょうか？

十五代　諸説ありますが、一六七〇年代、三代から四代の頃です。この時代の作品は本当に素晴らしくて、私も作陶の参考にしています。立ち返るべき柿右衛門様式の原点であることと、そして何より赤の色が美しいですね。

柿右衛門様式の三つの特徴。大切な「赤絵」、色絵のための「濁手」、そして「余白」という日本の美意識

十五代　柿右衛門様式の特徴は「赤絵」と「濁手《にごしで》」と「余白」なのですが、「濁手」は途絶えていた時期があります。「にごし」とは有田の方言で「米の研ぎ汁」の意味。柔らかみのある白磁のことを「濁手」と呼び、絵具（注4）の赤・緑・黄色に合う少し温かみのある色味に工夫して作られています。

山野　染付の磁肌と何が違うのでしょうか？

十五代　陶石の配合ですね。泉山の陶石だけですと青みがかってしまうので、白川谷の陶石と岩谷川内の陶石を混ぜて、「にごし」の色が出るよう調整します。ところがそれぞれ

【テーブルコーディネートに使った器】
右上・フリーカップ 松竹梅地文、
右・額皿（4寸）梅鳥文、
皿（24cm円縁）緑地文、
左・深皿（9cm円縁）緑地文、
深皿（14cm円縁）緑地文、
深皿（23cm円縁）緑地文

食べることが大好きとおっしゃる十五代がこれから力を入れていきたいと語る洋食器「緑地文」シリーズに、伝統の柿右衛門柄を合わせて「キャビアをいただく食卓」をコーディネート。「緑地文」は和空間にもなじむ洋食器。薔薇〝イブピアッチェ〟のピンクと紫陽花のブルーを、ロゼシャンパンとブルーのナプキンでリフレインさせてみました。

の陶石の収縮率が違うので割れることが多く、江戸時代後半には作られなくなりました。

山野　それを十二代と十三代が復活させたのですね。

十五代　「濁手」の技法は我が国の重要無形文化財に指定されています。その作り方には窯の作品との違いが沢山あります。たとえば陶石も違いますし、釉薬に柞灰《いすばい》（注5）も混ぜています。薪は松の薪を使い、下絵付け

気負わず穏やかなお人柄の十五代柿右衛門。

（濃《だ》み）もしません。焼成のときも「濁手」の作品は窯の中の一番火のまわりのいい場所に置きます。それでも泉山の陶石を使っているので歩留まりが悪く、二割くらいしか商品になりません。

山野　たった二割……。「濁手」の希少さとともに泉山の石の難しさがわかるお話です。そして柿右衛門さんというと柿の赤、とりわけ私は歌舞伎の『名工柿右衛門』のイメージがあります。

十五代　『名工柿右衛門』はフィクションですが、柿右衛門にとって赤の色が大事であることに変わりはありません。赤絵具の原料のベンガラ（注6）を水簸《すいひ》（注7）すると三層に分かれます。上澄みは花びらなどに使う明るく鮮やかな赤に、二層目は柿の実などに使う濃い赤に、一番下に沈殿した赤は線描きに使っています。

山野　使い分けていらっしゃるのですね。目指す赤とはどのような赤なのでしょうか？

十五代　一六七〇～一六九〇年代、江戸時代の柿右衛門の赤ですね。その頃の赤が一番鮮やかで美しい。色絵のことを赤絵と呼ぶのも、赤が最も美しくて難しいからなのです。先ほどベンガラを水簸する話をしましたが、それに粉末にしたガラス状の物質とガラスを溶解

写真右から、大皿（58.3cm×9.0cm）襲名十周年記念濁手枝垂桜文、濁手 薔薇文 蓋付壺。

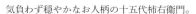

6月中旬の撮影日は、偶然にも柿右衛門窯のこの年初めての窯焚きの日。写真は、丸2日間ほど焚く本焼き焼成の8時間目頃のタイミング。「ねらし焚き」といって、下から弱い火で熱だけを送り続け、12時間かけてゆっくりと900度まで温度を上げているところ。緊張感が漂う中にも松の薪の焼ける香りが清々しい。松は炎が長く、焼成した後に出る灰の量が少ない。

『名工柿右衛門』に登場した柿の木（中央）。奥に見えるのは、テーブルコーディネートを撮影した、十三代の住まいだった離れ。

する物質を加えてよく摺ります。茶碗摺りというのですが、摺れば摺るほど鮮やかで美しい赤になります。数か月摺っていることもあるほどです。

山野　柿右衛門様式のもう一つの特徴である「余白」について教えてください。

十五代　「余白」はデザインに関係することです。有田の磁器は中国の技法から始まったので、デザインも中国風に皿全体にしっかり描きこんでいくものが多かったんですね。次第に日本独自のデザインが確立していく中で生まれたのが「余白」です。

山野　なるほど……。

十五代　典型的な柿右衛門様式の皿のデザインを見ていただくと、右下に水平に柴垣などが描かれ、そこから斜め右上に松や竹、梅、鳥が配され、左上の空間に余白が生まれます。描かない部分を残しておく、余白という感覚はいかにも日本人的な美意識だと思います。

伝統とは、守ろうと意識しないとごそっとなくなってしまうもの

山野　先ほど工房を拝見させていただきましたが、細工場と絵書座、仕上場に分かれていて、ろくろは男性、絵書座では男性が線描きで女性が濃みを担当すると聞きました。

十五代　伝統的にはそうですが、適性もありますし、必ずそうでなければならないということではありません。

山野　正座で絵付けをされているのも、今では柿右衛門さんや今右衛門さんなど数えるほどしかないとか。

十五代　陶石や薪や絵具もそうですが、昔のやり方をできるだけ残そうというスタンスでやっています。それでも今はクーラーを使っていますので、材料の膠《にかわ》が腐りにくくなりました。変えていないつもりでも変わっていく部分があります。ただ、そうすると辻褄の合わない部分が出てきて、それをその都度擦り合わせていく努力をしています。そうしないと一〇〇年後には昔のやり方が何も残ってい

大量の松の薪と単窯から真っ直ぐに登る煙。

なくて、柿右衛門窯は何だったのだろうという話になりますから。伝統は意識していないとごそっとなくなってしまい、なくなったものを再現するのはものすごく時間がかかるものなのです。例えば今日は窯焚きをしていますよね。この窯もそろそろ寿命かなと思うこともあるのですが、現在これを作れる人がいらっしゃらないのです。ですから、窯が壊れたらどうするのかという問題がありまして。窯以外にも、材料を作る人がいなくなったり、道具を作ってくれる人がやめたり、有田ではそのようなことが多発しています。

山野 それは切実な問題ですね。

十五代 窯元の仕事が減ってきているので、それを支えてくれる仕事の方たちがやめていく。そうすると窯元もますます立ち行かなくなっていく。そうならないように、有田が産業としてのベースを作っていかなければならないとつくづく思います。

十五代柿右衛門襲名十周年記念の年に改めて目指すこと

山野 二〇二四年は十五代柿右衛門襲名十周年記念とのこと、おめでとうございます。隣の古陶磁参考館で襲名十周年記念の枝垂れ桜の大皿（一三ページ）を拝見しました。

十五代 大皿の花はベニシダレのイメージですが、器の文様は絵になってはいけないので、実際にある花とデザイン的な花の中間のイメージで描いています。

山野 桜というモチーフは柿右衛門窯に代々あった伝統的な文様だと思いますが、それを十五代としてアレンジされていると考えていいのですか？

十五代 同じ桜であっても代によってデザインは変わります。

山野 そうなんですね。私は苺文が好きなのですが、これも十四代と十五代ではデザインが違うのですか？

十五代 十四代がよく描いていたのは「冬苺」で、本来は葡萄の葉に似た葉っぱの下に苺が隠れていますが、デザインとしては苺がよく見えるように葉っぱと苺と蔓で構成しています。私のものは「草苺」のイメージで、葉の形は薔薇の葉のようで棘があります。いかに柿右衛門様式の枠を外れない範囲で、私の代らしさを出していくかが大きな課題です。

注１：『名工柿右衛門』 榎本虎彦三幕物。1912年（大正元）11月に歌舞伎座で初演。名工柿右衛門が苦心して赤絵磁器の創生に成功する話に、姉娘と伊万里の陶磁器商人の息子との恋愛悲劇をからめた物語。主役の柿右衛門を十一世片岡仁左衛門、弟子の栗作を十五代市村羽左衛門、妹娘のおたねを五代中村歌右衛門が演じた。

注２：十四代の言葉 『余白の美 酒井田柿右衛門』十四代酒井田柿右衛門（集英社新書）より。

注３：柿右衛門様式 右下に柴垣や石があり、そこから斜め上に松・竹・梅が伸びることで左上に余白の空間が生まれる様式。「赤絵」や「濁手」など絵具や素地までを意味合いに含むこともある。1670年代に完成したといわれる。

注４：絵具 焼き物に用いられる絵の具のこと。下絵の具と上絵の具に分けられる。下絵の具とは透明の釉薬の下に描く絵の具のことである。上絵の具は、本焼きのときには表現できない色（赤・黄・緑・紫・青・黒・金・銀など）を出せる。通常絵具は、大量に一代分くらいを作ってストックしておく。

注５：柞灰 鹿児島県や宮崎県が主産地である柞の木の樹皮を焼いて作る。釉薬に混ぜることで釉薬が溶ける温度を低くする。

注６：ベンガラ 酸化第二鉄のこと。江戸時代には硫酸第一鉄を焼いてベンガラを作っていた。

注７：水簸 水中での沈殿速度の違いを利用して精製する方法。

柿右衛門窯

佐賀県西松浦郡有田町南山丁352
電話 0955-43-2267
https://kakiemon.co.jp/

井上萬二窯

井上萬二さんは六十六歳で白磁の人間国宝（重要無形文化財保持者）に認定され、九十四歳（撮影当時）の今なお現役でご活躍されています。

人間国宝が極めた白磁と青白磁を重ねて気品溢れる食卓を演出

白磁のコーディネートは難しい——そう悩んでいたときに、書籍『井上萬二聞書　名陶無雑』（島村史孝著　西日本新聞社刊）で目にしたのが、井上萬二さんが一九八七年の第三十四回日本伝統工芸展で文部大臣賞を受賞された「青白磁彫文鉢」でした。青白磁の文様がアクセントとなり白磁の美しさを引き立てているこの作品にインスピレーションを得て、白磁の器に青白磁を合わせたテーブルコーディネートを作ろうと思い立ちました。飽くまで主役は白磁なので青白磁の器の比率は抑えめに。井上萬二さんが極めた白磁の磁肌の美しさ、造形の美を際立たせることを信条に、青白磁もその他のテーブルウエアも、格は保ちつつも存在感を控えめにすることを心掛けています。

【テーブルコーディネートに使った器】

白磁花形銘々皿（中）、白磁花形銘々皿、白磁花形小鉢、白磁麦彫文ケーキ皿、青白磁線皿（大）、青白磁花形小鉢、青白磁花形鉢、白磁笹彫文徳利、青白磁笹彫文徳利、白磁笹彫文ぐい呑、青白磁笹彫文ぐい呑

静謐な白磁と青白磁の設えにまとわせたのは、深まる秋の姫路城を舞台にした幻想的な物語、泉鏡花の『天守物語』。「飛沫」という名の墨を吹いたような和紙の短冊に主人公「天守夫人 富姫」と「図書之助」の名前をしたためます。酒器をのせたお盆には、富姫の侍女である「桔梗」「撫子」「葛」「薄」「女郎花」の名前を書いた短冊をあしらい、食卓には撫子や薄などの秋草を這わせ物語を再現します。

ひたすら努力と研鑽を重ね、美を追い求めてきた人間国宝・井上萬二。九十四歳の今、改めて「白磁の原点」を目指す

山野　井上さんにお会いしたらまずお尋ねしたかったことがあります。色絵・色鍋島・金襴手と「加飾」中心の有田の歴史の流れの中でなぜ「白磁」を選ばれたのですか？

井上萬二（以下井上）　ではお尋ねしますが、なぜ有田が「加飾」してきたかおわかりになりますか？

山野　いいえ、是非教えてください。

「ものがあって、すなわち工芸」美しい形を求めることから作家活動が始まった

井上　泉山の陶石から作る陶土には鉄分が多いのです。だから焼いたら表面に黒い斑点が出ます。それを隠すために「加飾」してきたのが有田の歴史です。

山野　なるほど。

94歳にして現役。エネルギッシュで真っ直ぐなお人柄の井上さんは毎日工房に足を運ばれます。

井上　作家活動を始めたのは三十歳になる少し前ですが、当時私は「ものがあって、すなわち工芸」という考え方をし始めていました。つまり「形を作り出すことが最も重要」という考え方です。もちろん絵付けには絵付けの難しい世界があり、到達点の厳しさはどの世界でも同じですけどね。

山野　そうですね。

井上　「ものがあって、すなわち工芸」という言葉は、水町和三郎さんという方の言葉です。文部省文化財保護委員会（当時）の専門委員をされていて、ご自身も作陶される陶磁器研究家でした。水町さんは「作る以上は形が主だ。形が良かったら文様はいらない」と常におっしゃっていました。

山野　そうでしたか。

井上　私は佐賀県窯業試験場（現・技術センター）に二十九歳から一三年間勤務しまして、技官として陶土研究もしました。そこで鉄分を徹底的に取り除く研究をして、完全な陶土ができたから白磁に転向できたのです。

先輩の技を盗み、寝る間を惜しみ徹底的に技術を身につけた下積み時代

井上　私は戦争中は海軍飛行予科練習生だっ

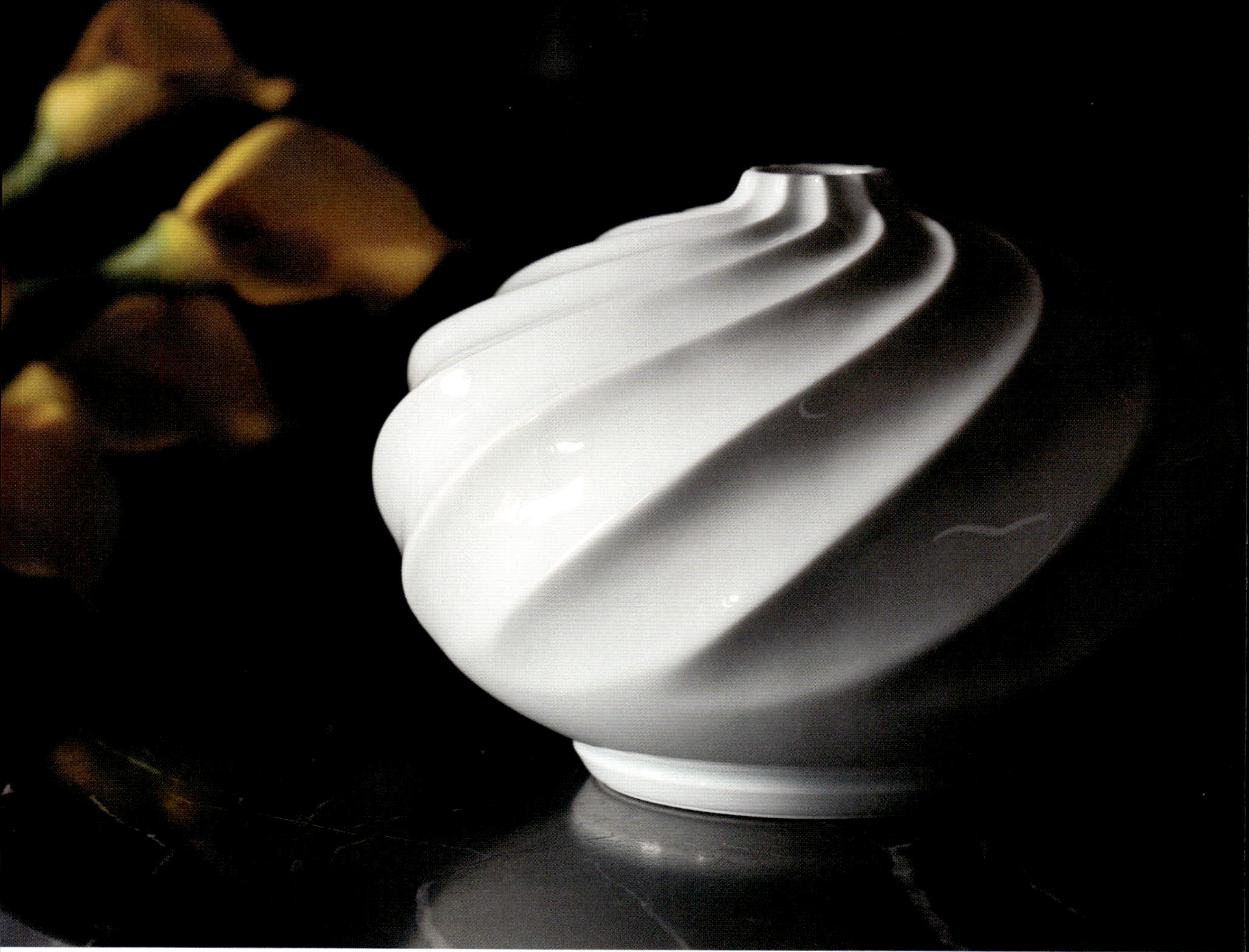

白磁渦文壺

井上さんが徳島県を旅したときに見た、鳴門海峡の渦潮の雄大さ、潮の満ち引きによって刻々と変化する様を白磁の壺で表現したもの。白磁の磁肌の艶やかさ、造形の美しさ、彫りの陰影による影は、置く場所や受ける光に応じて、その表情を変えていきます。

たのですが、十七歳のときに終戦で有田に戻ってきました。復員して学校に入ろうと考えていたら、父から「一九三九年頃から途絶えている井上製陶所を復活させてほしい」といわれたんですね。十七歳といえば人生に夢のある年齢ですし、戦後の日本は困窮を極めていて、いい器で食事をしようというような時代ではありません。不安でしたが、父の勧めに従い素直な心でこの道に入りました。

山野　それから修業に？

井上　そうです。十七歳から柿右衛門窯で七年間、無給で働きました。先輩たちは、自分の仕事で手一杯で技術を教えてもらえなかったので、仕事を手伝いながら先輩たちの技を脳裏に焼き付けて、夕方皆が帰った後に一人で残って、何度も失敗しながら復習していました。始業は八時でしたが、七時には必ず仕事場に行って掃除。冬には先輩たちの座席の前に火鉢を置いて湯を沸かして……。

山野　それを七年間続けられた？

井上　はい。でもずっと私は無給なわけです。このままでいいのかと壁にぶち当たったとき、人生を変える師匠、初代奥川忠右衛門との出会いがありました。たまたま柿右衛門窯に来られて、その作陶ぶりがもう神業的で、弟子を取らないというところを何度も頼み込んで弟子にしていただきました。

山野　井上さんの熱意が通じたのですね。

井上　はい。柿右衛門窯には一三年お世話になりましたが、その間に奥川忠右衛門に師事しました。一〇年目頃からは柿右衛門窯でいい給与をいただくようにもなりました。ですがもっと幅広く勉強するために柿右衛門窯を後にして、さらに一三年間、佐賀県窯業試験場に公務員として勤めて技術を磨きました。

山野　ということは、十七歳で復員されご自身の窯を持たれるまで、一三年間の修業期間があり、さらに一三年間研鑽を積まれたということですね。

写真上、中・ショールームでは壺や香炉などの工芸品から日常に使える器まで幅広く展示されています。下・工房にて（見学はできません）。

センスを磨くために旅に出て美に出会う

井上　といっても、その二六年の間にセンスを磨くためのこともしていました。

山野　センスを磨く？

井上　センスを磨くためには旅をしないとダメ。私は旅が大好きで、年に一回は海外に行かないと頭が痛くなります。

山野　わかります。私も旅行大好きです。

井上　窯業試験場に勤務しているとき、アメリカのペンシルバニア州立大学に焼き物の講師として招かれて半年間滞在しました。アメリカは世界各国から人が集まり、文化に多様性があります。そこで幅広い美の世界に触れたことが、造形の美のセンスを磨くことにつながったと思っています。

山野　日本ではどこがお好きですか？

井上　東京ですね。東京のビルディングがいい。ビルディングが丸い壺に見える感覚を養うんです。

山野　ビルが壺に？

井上　自然でも街でも綺麗なものを見たほうがいいのです。綺麗なものを見れば美意識が生まれてきます。例えばそこに渦文の花瓶がありますよね。

山野　はい。本当に美しい花瓶ですね。

井上　約一〇年前に鳴門の渦潮を船から見たとき、よしこれだ、これを形にしてみようって。でもね、見たもの、美しいと思ったものを形にできるのは、確固たる技術力があってこそなのです。

山野　なるほど。センスを形にする技術を身につけるための二六年間だったということですね。

四七年続けている銀座での個展が作陶の大きな励みに

井上　東京の銀座「和光」で毎年個展を開いて四七年になります。最初が一九七七年。きっかけは和光が企画した「現代陶芸秀作展」でした。展示されたのは十三代今泉今右衛門さん（有田）、三輪休雪さん（萩）、清水卯一さん（京都）、田村耕一さん（東京藝術大学教授）。これがきっかけで「個展をしませんか」と勧められてそれが始まりです。

山野　ご苦労もあったことでしょう？

井上　そうですね。公募展に出すものは一作品で済みますが、個展となると五〇点とか七〇点必要になります。毎年来てくださる方もいらっしゃるので、新しいものを工夫して作っていかなければなりません。最も難しい発表の場ではありますが、それが励みとなっています。

五年後に迎える白寿に向けて改めて白磁の原点に返る

山野　これからはどんな作品を作っていかれたいですか？

井上　私は今九十四歳で九十九歳は白寿ですよね。白寿なので白磁の原点に返ろうかと。白磁の原点は造形の美を作り出すことにあります。「形が文様」というのが私の世界です。白磁や青白磁といった単色の世界は本当に難しく、寸分の狂いもなく形そのものが〝美人〟でなければならない。そして冷たさの中に柔らかさの表現が求められる……。以前は釉薬でコントラストを表現してみたり、還暦にちなんで赤い釉薬を使ったりと様々な試みをしましたが、今一度、白磁で造形の美を表現してみたいと思っています。

写真上・工房　下・ショールーム
ショールームは予約なしで見学することができます。

井上萬二窯
佐賀県西松浦郡有田町南山丁307
電話 0955-42-4438
http://manjiinoue.com/

今右衛門窯

江戸時代より佐賀藩主鍋島家の
御用赤絵師として、
幕府への献上品の上絵付けを
施してきた今泉今右衛門家は、
三八〇年絶えることなく
続いてきた有田の名窯です。
色絵磁器の人間国宝
（重要無形文化財保持者）の
十四代今泉今右衛門を
お訪ねしたのは
折しも重陽の節句でした。

菊慈童がそっと見守る重陽の節句のテーブルコーディネート

築二〇〇年の今泉本家にて、食卓に設えたのはすべて十四代今泉今右衛門の器。菊、秋草、萩があしらわれ、吹墨、墨はじき、プラチナ彩と幾度となく上絵付けの過程を経た器たちが織りなす重厚な重陽の節句の食卓です。掛け軸の青につながる染付の青、ネイビーのテーブルクロスそしてナプキン。菊の赤、秋草の赤は、赤い越前塗りでリフレイン。さらに、プラチナ彩のオールドサンルイのワイングラスには、器のプラチナ箔が共鳴します。着せ綿で邪気を祓い、菊酒で盃を交わす景色を、菊慈童が微笑みながら見守っています。

長年、受注品を多く手掛けてきた今泉今右衛門家。この菊慈童もその一つで、蔵に残されていた十一代今右衛門による作品です。『菊慈童』は謡曲の演目で『枕慈童』ともいいます。中国の周の時代に誤って王の枕を跨いだ王の寵童・慈童は山奥へ流刑されます。その地で王の形見の枕に添えられた経文を菊の葉に書きつけ、そこから滴る露を飲んだところ不老不死となったという物語です。

【テーブルコーディネートに使った器】

右・色絵薄墨墨はじき果実草花文蓋付瓶、丸盆の上から時計回りに、色絵雪花墨色墨はじき菊文盃、色絵墨色墨はじき稲穂文盃、色絵薄墨墨はじきすすき文盃、左奥、染付鍋島兎文高台皿、右奥、色絵雪花墨色墨はじき菊文皿。

上・手前のお膳、色絵薄墨墨はじき秋草文皿、お膳の右、色絵薄墨墨はじき秋草文蓋物、色絵薄墨墨はじき柘榴文盃、お膳の左、色絵吹墨墨はじき菊文皿。左奥のお膳、色絵吹墨墨はじき秋草文皿。

下・手前のお膳、色絵薄墨墨はじき菊文皿、色絵薄墨墨はじき柘榴文盃、色絵雪花吹墨墨はじき松梅文蓋物、お膳の右、色絵薄墨墨はじき水流文鉢、お膳の左、色絵薄墨墨はじき柘榴文盃、色絵吹墨墨はじき菊文皿、左奥のお膳、色絵吹墨墨はじき秋草文皿。

日本の有田焼とは何か。手描きが生み出す美とは何か。作陶に向き合いながらその答えを積み上げてきた十四代の思い

十四代今泉今右衛門（以下十四代）　私が十四代を襲名した四十代になる頃のことです。九州陶磁文化館に柴田夫妻コレクションを寄贈された柴田明彦さんから「これからはグローバルな時代になる。欧米の人は、日本と中国と韓国を一つの地域と思っているから、それぞれの国の文化をきちんと言葉で説明できないといけない」といわれたのです。それから多くの方とこのことについて話し、辿り着いたのは「日本は自然と共存する文化」なのだろうということなんですね。唐突かもしれませんが、日本の焼き物を見ると、真ん中が「空」というのは当たり前にある構図ではないですか？

山野　余白ですね。

十四代　そうです、余白です。この焼き物の真ん中の「空」というのは日本では当たり前ですが、中国ではあり得ないのです。中国では真ん中から絵を描きますから。その理由がわかりますか？

山野　さて、どうしてでしょう。

赤絵町今泉今右衛門母屋玄関。ショールームへの入り口でもある玄関は毎朝祓い清められ、季節の花や焼き物が飾られます。この日は色絵薄墨墨はじき果実草花文蓋付瓶と、重陽の節句に合わせた菊の花が。

神棚には荒神様（火の神様）、その下には竈が祀られています。十四代の一日は荒神様や神様と御仏壇にお参りするところから始まります。

器の真ん中にある「空」に日本的な美意識がある

十四代　日本は島国で単一民族が暮らしてきました。自然のあらゆるところに八百万の神がいると考え、自然と共存していく精神が受け継がれてきたのです。ところが中国の場合は民族が入り混じっている。自然と共存などといっていると国を滅ぼされてしまう。

山野　確かにそうですね。

十四代　日本のように自然と共存するということは、人間のわがままでものが作れないと

いうことです。つまり余白は、人間と自然の中間のところに中心があるような感じの意味合いかなと思うんです。人間でもなく自然でもなく、中間に「空」という中心がある。また作り手と使い手の中間にも「空」がある。そのように自分の中に腑に落ちて考えられるようになったのが四十代の半ば頃からでした。

挑戦に不安はつきもの。その心の状態が作品に緊張感をもたらす

十四代　襲名前から取り組んでいる技法に、墨はじき（注1）をさらに展開した雪花墨はじきがあります。

山野　白い生地に白い菊が描かれたものですね。テーブルコーディネートでも使用させていただきましたし、花瓶（三一ページ）も拝見しました。

十四代　描いているのではなく、花の部分だけを残して周りに油性の撥水剤を塗り、白い化粧土をはじいているのです。

山野　それで菊の花の部分がほんのり浮き上がって見えるのですね。

十四代　一〇年ほど前に尾形光琳の屏風絵（注2）を見て、白い菊に心惹かれてモチーフに選んだのですが、初めてお披露目したのは銀座の和光の個展でした。ところが会期が近くなるとだんだん不安になりまして。

山野　それはまたどうしてですか？

十四代　ほかのものと作風がまったく違いましたので、襲名披露以来の不安の中の出品でした。そうしましたら、皆様からお褒めにあずかりました。忘れられないのは西日本新聞社の元伊万里支局長の山本康雄さん（注3）のお言葉でした。「こうすればこうなるとわかって作っているものからは緊張感が出てこない。どうなるかわからない、どう見られるかわからないものからしか、緊張感は出てこないんだよ」と。ちょうどその後に重要無形文化財保持者の認定を受けたこともあり、忘れられない出来事となっています。

真剣な面持ちで鍋島や伝統工芸について語られる十四代今泉今右衛門さん。

色絵薄墨墨はじき四季花文花瓶。

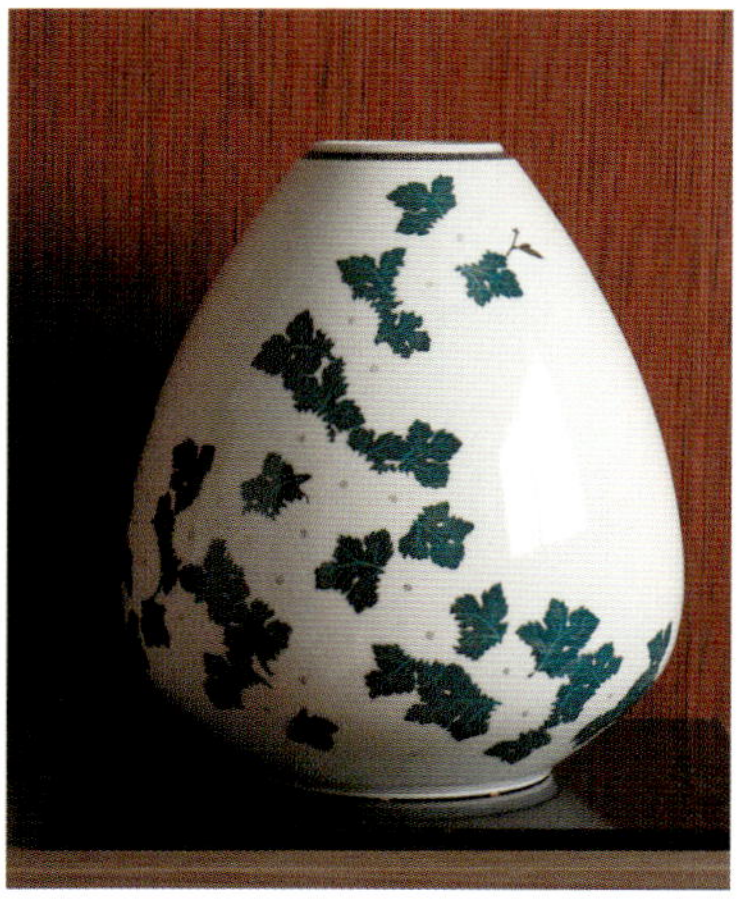
色絵雪花墨色墨はじき菊文花瓶。

「今右衛門さん、揺らぎを追求したら身を滅ぼすよ」

山野　今右衛門さんといえば、雪の文様もよく描かれますね。

十四代　雪の結晶は手で描くので、線が微妙に長かったり短かったりします。

山野　そうですね、シダの葉のように見えるところもあります。

十四代　以前は講演会などで「微妙なずれが手で描く意味合いなのだろう」と話していたんです。そうしましたら五～六年前、染織の鈴田滋人さん（注4）に講演をお願いしたときに「染織の世界の微妙な揺らぎを追求していた時期があったが、あるとき先輩から〝そんな揺らぎみたいなものを追求したら身を滅ぼす〟といわれた」というお話をされていまして。

山野　身を滅ぼす、ですか？

十四代　はい。講演会の後、鈴田さんに「揺らぎの話は勉強になりました」といいましたら、「今右衛門さんもよく、ずれとか品格とかいうけれど、それは危ないんだよ」とお叱りを受けたんです。それでどうしてだろうといろいろ考えました。確かに人間の手で描くので微妙にずれるんです。その微妙なところが綺麗なのも事実なんです。でも作り手が微妙なずれがいいんだとか、これが手で作っているものの真骨頂だとか、そういうものを狙

昔、母家2階の窓際では4人ほどの絵描き職人が作業をしていました。ベンガラの染みた筆を洗った水を窓から捨てていたため、屋根瓦が赤く染まってしまったといいます。赤絵の古を伝える屋根は、風雪を耐え今に残っています。

窯から上がったばかりの上絵付け前の焼き物は、人の手で大切に工房へと運びこみます。

い始めると見ていられないものになってしまうのです。

山野　つまり狙ってはいけないと？

十四代　ずれや揺らぎは結果論だと思っています。私どもの精神的なものとして根本にあるのは藩の御用赤絵師として、職人として一生懸命いいものを作ろうという気持ちです。それが結果として時代に求められる美しいものだったということが大切かと思います。日本伝統工芸展の主旨の中に「伝統は、生きて流れているもので、永遠に変わらない本質を持ちながら、一瞬もとどまることがないのが本来の姿である」とあります。私どもは技術を学び、身につけ、経験を積んでいきながら、それぞれの時代の中で、豊かな暮らしの彩りになってほしいと思って無心に作陶しています。その結果、意図しなくても「そこに存在している」ものが伝統だと思います。

山野　私たち使い手が今右衛門さんの器に発見した美しさの中にこそ、伝統が存在するのですね。

有田は変わる。次世代の成長に夢を託して

十四代　先ほども話に登場した柴田明彦さんが、二〇年ほど前に「今泉君の時代じゃ有田は変わらないんだ」といわれていまして、実はそれを聞いてホッとしたんです（笑）。

山野　ホッとされたとは？

十四代　変えなきゃいけないんだといわれたらどうしようかと（笑）。ところが待っているのになかなか次の世代が現れない。これはどうしたものかと思っていたのですが、最近、優秀な三十代の若者たちが次々に東京からUターンしてきて、いろいろな新しい取り組みを始めてくれているんです。

山野　その若者たちが開催する会の末席に、私も参加することがあります。

十四代　非常にオープンな会のようですね。これまでとはまったく違う価値観をもつ若者の力で、有田が今後どんなふうに活性化していくのか。そして彼らが有田で働く中で、有田焼の歴史や伝統、美しさや可能性に一つ一つ気がつきながらどう成長していくのか。期待を込めて見守っていきたいと思っています。

注１：墨はじき　江戸時代から用いられた白抜きの技法。墨で文様を描き、その上を染付で塗る。墨に入っている膠分が撥水剤の役目をし、絵具をはじく。それを素焼き窯で焼くと、墨で描いた部分が焼き飛び、白抜きの文様が現れる。染織のろうけつと似た技法である。

注２：尾形光琳の屏風絵　『KAZARI：Decoration and Display in Japan 15th~19th』Japan Society Gallery New York 2002（美術カタログ）に掲載されている個人蔵の屏風絵。

注３：山本康雄　西日本新聞社 元伊万里支局長。著書に『反骨の陶芸家　佩山』（西日本新聞社）がある。

注４：鈴田滋人（すずたしげと）　1954年～。佐賀県出身。染織作家。木版摺更紗（もくはんずりさらさ）の人間国宝（重要無形文化財保持者）。

今右衛門窯ショールーム
佐賀県西松浦郡有田町赤絵町2-1-15
電話 0955-42-3101
https://www.imaemon.co.jp

辻精磁社

有田町の歴史を象徴するトンバイ塀に、
重厚な門構えと
「宮内庁御用達 辻精磁社」の表札が
一際目を引きます。
江戸時代から三五〇年間
切れ間なく続く名窯が、
ここ辻精磁社です。

器と生花と書を、季節の流れを意識して物語を綴るように並べていきます

座卓に配した和紙にしたためた書は、二〇二四年（令和六）皇居で行われた宮内庁春季雅楽演奏会の「管絃」の部での朗詠の一節。

東岸西岸の柳　遅速同じからず
南枝北枝の梅　開落已に異なり
（『和漢朗詠集　巻上　早春』）

その自生するところによって、柳の芽吹きも梅の開花も時期が異なります。ゆっくりと季節が進み、春から夏へと至る自然の様を、器の声を聴きながら美しい絵を描くような気持ちでコーディネート。器は右に春の意匠を、左に向かって季節が移ろうように並べました。濃《だ》みの青が美しい白鷺の器と空木がもたらす初夏の気配が、この物語を締め括ります。

【テーブルコーディネートに使った器】

36ページ上の写真／右手前・染錦 かわせみ文 変形皿、染錦 えんどう文 小皿、染付 丸福文 銘々皿、左手前・染付 外濃 流水白鷺文 変形皿、染付 外濃 波兎文 変形皿、染錦 菖蒲文 小皿、右奥・染錦 かわせみ文 変形皿、染錦 牡丹文 銘々皿、染付 桐花唐草文 盃、左奥・染付 外濃 流水白鷺文 変形皿、染付 内濃 白鷺文 小皿、染付 瑞雲鶴文 盃、折敷にのっていない器・テーブル左から、染錦 大塔文 水差し、染付 龍鳳凰文 輪花皿、染付 龍鳳凰文 植木鉢、染付 外濃 流水白鷺文 菊形銘々皿、染付 外濃 白鷺文 小皿、染錦 撫子文 銘々皿、染錦 山吹文 菊形銘々皿、染錦 龍鳳凰文 菓子鉢、染付 龍鳳凰文 輪花皿

白にこだわり、青にこだわる。三五〇年、守り続けてきた〝品格ある〟染付

十五代当主（以下十五代）　皇室とのお付き合いの始まりは一七〇〇年頃と聞いています。陶商の伊万里屋五郎兵衛という人が仙台藩主伊達陸奥守綱宗公の要請で品質の良い器を探して有田までやってきたそうです。有田の窯焼き（注1）を、いい陶工がいないかと尋ね歩く中で三代目辻喜右衛門（不明～一七一六）と出会い、綱宗公のために辻家の青花（染付）の食器を注文。綱宗公は大層喜ばれ「品格のあるものだ」と仙洞御所の霊元天皇にも奉献されました。ありがたいことに霊元天皇より、佐賀藩主鍋島光茂に、御所にて使う食器を作るよう勅命が下りました。

伝統を受け継いでいくことが使命と語る、十五代・辻 常陸。

山野　禁裏御用窯としての辻家の歴史が始まったのですね。

十五代　当時は階級社会なので商人の私どもが御所と直接やりとりをすることはできませんでした。四代目喜右衛門の時に官職である「常陸大掾《ひたちだいじょう》（注2）」を命ぜられまして、そこから辻家の禁裏御用の窯焼きとしての歴史が始まります。「宮内庁御用達」の制度自体は一九五四年（昭和二九）に廃止になっていますので、過去にこの称標をいただいたことがあるのは、有田ではうちと香蘭社さんと深川製磁さんの三軒になりますね。

こだわりの白と青、職人たちの手仕事、そして難関の窯入れ――。辻精磁社の染付ができるまで

山野　辻精磁社さんの器は、どのようにして生まれるのですか？

十五代　大まかにいいますと、材料と、職人による手間暇かけたプロセス、そして窯入れの3つの要素があるでしょうか。

山野　材料から教えてください。

十五代　昔は泉山の陶石を砕いた粉末を精製する水簸《すいひ》という方法で手作りしていましたが、今は製品化された天草の陶石を使っています。

山野　泉山の陶石を使わなくなった理由は？

十五代　粘り気が少ないことです。粘り気が

トンバイ塀の「トンバイ」とは、江戸時代に登り窯を作るために用いられていた耐火レンガのこと。辻家の門は文久元年建造。このあたりは国により重要伝統的建造物群保存地区に指定されています。

少ないと焼いたときに空気が入ってピンホールができます。ですから陶土として使えるまで1年くらい寝かさないといけません。鉄分が多く、焼成したときに表面に黒い点が現れること、耐火度が低いことも理由の一つです。

山野　江戸時代の方はその使いづらい泉山の陶土を使っていたのですね。現在、辻さんの目指す白は、どんな白ですか？

十五代　白ではなくアイボリーですね。言葉でお伝えするのは難しいのですが、真っ白ではないのです。うちの特徴である染付の「濁りのない青」のための白です。

山野　本当に綺麗な青ですよね。

十五代　天然の呉須《ごす》（注3）を使いたいのですが、もう採れなくなっていて、工房にストックしているものがなくなってしまえば終わりです。今は絵具屋さんに呉須に似た発色のものをオーダーしていますが、毎回違う発色になってはいけないので、一代分くらいを一度に作ってもらいます。

山野　一代分ですか？

十五代　今有田では釉薬だけをかけて仕上げるところが増えていますが、うちは輪郭線を描き、これを濃《だ》み（注4）で塗っていくという伝統的な方法で作っています。一見ではわからないかもしれませんが、薄い濃みを何回もムラにならないように描いていますので、すごく時間がかかります。

山野　始まりと終わりと微妙な濃淡もあって丁寧に描かれたことがわかります。

十五代　一筆一筆止めて描く場合と、ラフに描く場合があります。実はラフに描けるかどうかに上手下手が出ますね。例えば龍や鳳凰などの想像上の生き物をラフに描くとき、自分の中に龍や鳳凰はこのような姿だという絵心やセンスがないと、それが龍や鳳凰に見えなかったりします。下絵付けが済んだら施釉して本焼きです。全窯元に同じ釉薬が配給されていますが、そこにさらに柞《いす》の木を燃やした柞灰《いすばい》を混ぜて、うちの目指す青に合う釉薬を作っています。

山野　材料もプロセスも、とても手間がかかっていることがわかりました。

十五代　そして最後の仕上げの窯焚き、これが一番大変かもしれないですね。

山野　どのようなところが？

十五代　まずは天気に左右されます。

山野　雨の日は控えるとか？

十五代　雨ではなく、風の強い日や台風の日が問題なのです。釉薬は一三〇〇度でガラス

【テーブルコーディネートに使った器】
染付 白鷺文 長皿、染付 内濃 鳳凰文 酒器、
染付 瑞雲鶴文 盃、染付 内濃 鳳凰文 盃、著莪 箸置

夕闇迫るほの暗い和室にお膳を並べ、晩酌の設えを。障子越しの光を捉えるため、クリスタルガラスの花器に彩度の高い花を活けました。

化するので最終的にはそこまで温度を上げなければなりませんが、一気に一三〇〇度にするわけではなく、まずは酸化焼成で九〇〇度まで上げます。このとき煙突の上の風圧が強いと窯内に十分な酸素が行き渡らないため、酸化焼成にならず呉須も綺麗な青に発色しません。九〇〇度になったタイミングで今度は還元焼成に切り替えますが、この見極めが本当に難しい。江戸時代には窯焚きさんという専門職がいたほどです。

山野 窯焚きさん？

十五代 当時は完全分業制でしたからね。窯焚きさんを家に呼びに行くと寝ていたりして、それを起こして連れてきて……。

山野 それは大変。

酸化コバルトを主成分とする合成呉須に天然呉須を混ぜ、辻精磁社独自の呉須を作ります。

十五代 温度計のない時代ですから、レンガを出して窯の火をのぞいて還元のタイミングを見極める危険な仕事でした。失敗すると大損失ですしね。

山野 還元焼成とは具体的にどのようにするのですか？

十五代 煙突から入る空気を遮って酸素が入らないようにして、窯内を一酸化炭素煙で満たし、焔をかけて焼成していくのです。ずっと酸化焼成だと素地が黄色くなってしまいます。かといって、酸化焼成が短いと呉須の発色が綺麗に出ず、青が地味になってしまいます。酸化焼成から還元焼成へ切り替えるタイミングは非常に重要なんです。

守り、受け継ぎながら憧れられる〝伝統〟でありたい

山野 辻精磁社さんとしてこれからどのような物作りを考えていらっしゃいますか？

十五代 伝統を守り受け継いでいくこと。これに尽きます。有田でも三五〇年途切れずに続いているところは少ないですから。重要なのは人を育てること。そのためには「憧れと対価」が必要です。この世界に若い人が憧れを抱いてきてくれて、その人たちが納得するような対価を支払えることです。

山野 有田焼という伝統工芸を、そして辻精磁社さんの染付を多くの方に知っていただけたら、きっと我こそはと思う若い方がいらっしゃるのではと思います。

写真右から、染付 龍鳳凰文 角香炉（極真焼）、染付 瑞雲鳳凰文 香炉（極真焼）。「極真焼」は1811年（文化8）に八代辻常陸（喜平次）によって考案された辻家独自の焼成法。江戸時代の窯の燃料は木材だったため、飛んだ灰が焼き物に当たり傷つけることが多々ありました。そこで焼き物と同じ生地で蓋付きの容れ物（匣鉢・さや）を作り、灰から焼き物を守ったのです。江戸時代の焼成技術の中で、皇室にいかに美しい食器をお納めするかと苦心して編み出された技法です。

辻精磁社

佐賀県西松浦郡有田町上幸平1-9-8
電話 0955-42-2411
https://tsujiseijisha.jp/

工房の棚にところ狭しと並んでいる壺や香炉は、先代たちの残したデザインの見本。素焼きした生地に絵柄だけが描かれたものです。再現するときはこの上に和紙を載せ瓢箪の墨で輪郭を写し取り、それを素焼きの器に移して絵付けします。辻精磁社の職人は全員絵付けのエキスパート。呉須だけで詩情豊かな染付の世界を表現していきます。

注1：窯焼き　江戸時代の有田は佐賀藩の管理下にあり完全な分業制だった。窯焼きというのは窯場にて「窯焼名代札」という許可証を持って窯場の指揮をとっていた人のことである。
注2：常陸大掾　なぜ「常陸」なのかは不明。根拠となる資料は1828年(文政11)の有田の大火ですべて焼失。
注3：呉須　江戸中期までは茶碗薬といわれ、江戸後期から呉須と呼ばれた。染付に用いられる青い絵具。天然の呉須は呉須土(asbolite)というもので、中国産。日本では良質なものは取れない。
注4：濃み　呉須で下絵付けをする際、文様の線を描くことを「線描き」、線の中を塗ることを「濃み」という。

香蘭社

有田内山の重要伝統的建造物群保存地区（注1）
にある白亜の洋館。
明治有田の美の集結ともいうべき
古陶磁美術館を擁する香蘭社の応接室で
正餐の食卓をコーディネートしました。

有田焼を引き立てるガラスの透明感とキャンドルの光で夕刻から夜へ、それぞれのムードを演出

現代ではなかなか設える機会のない本格的なディナーセッティングです。一九〇五年（明治三八）に建てられた香蘭社本館の天井の高い応接室は、正餐の場にふさわしいクラシックな雰囲気。社名にもある蘭をモチーフにしたオーキッドレースのディナーシリーズをフルセットで使い、蘭の花そして山帰来の蔓をガーランドに見立てて、テーブルの中央から端に向かって走らせました。撮影したのは夏至も近いある晴れた日の夕刻。リネン類を白で統一することで初夏の清々しさを、朝顔の透かし模様のあるナプキンを垂らすことで優雅さを演出。キャンドルスタンドを設えるのは、どうぞ日が暮れる時間までゆっくりとお過ごしくださいというホストの歓迎の気持ちでもあります。

【テーブルコーディネートに使った器】

オーキッドレース パン皿、オーキッドレース ケーキ皿、
オーキッドレース ディナー皿

オーキッドレースのシリーズは、縁をぐるりと瑠璃色の絵具が覆い、蘭が繊細に描かれています。瑠璃色の縁は料理を引き立て、なおかつ白一色のテーブルコーディネートのアクセントにもなります。使用したもの以外にも、酒器セットや湯呑み、コーヒーカップ&ソーサーもあり、フラットプレートのサイズも多いことから、洋と和のシーンのすべてをカバーすることができます。今回はディナーのセッティングに使用しましたが、和の食卓にもしっくりとなじみそうです。

九州初の会社組織として設立された香蘭社。有田焼とともに日本文化を世界へ広めた功績を誇る

山野　今回の撮影は本館の応接室を使わせていただきました。

香蘭社代表取締役社長　深川祐次（以下深川）　本館は一九〇五年（明治三八）の建築です。

香蘭社の守り神、フィラデルフィア万博から持ち帰ったシャンデリアと煤受けの絵皿の龍

深川　今、私たちがいるこちらの建物は一八七七年（明治一〇）の建築で、貴賓室はグラント第一八代米大統領をお迎えするために作られたものです。

香蘭社の貴賓室の天井を飾るシャンデリア。フィラデルフィア万博の折に持ち帰られたもの。煤受けは香蘭社製。

山野　天井のシャンデリアの豪華さと煤受け皿の龍に目を奪われます。

深川　一八七六年（明治九）のフィラデルフィア万博の折、持ち帰ったシャンデリアです。龍の文様の煤受け皿は弊社製で、絵柄は日本画家の高柳快堂（注2）の手によるものです。

山野　京都の建仁寺もそうですが龍を天井に描くと火災から守ってくれるそうですね。

深川　有田は一八二八年（文政一一）に大火にあっていますのでその思いはあったかと思います。香蘭社を守る天井画ともいえますね。

時流を読む天才、第八代深川栄左衛門により九州初の会社、「香蘭社」が誕生

深川　第八代深川栄左衛門は幕末から明治維新という激動の時代に、有田の窯業を取り巻

写真左から、色絵鳳凰麒麟龍亀文三足花瓶（1875〜1879年）、色絵牡丹獅子文大花瓶（1875〜1880年代）、色絵秋草牡丹唐草文水注（1879〜1880年代）。いずれも1876年のフィラデルフィア万博に向けて作陶されたとされるもの。左端の色絵鳳凰麒麟龍亀文三足花瓶は『温知図録』に図案が残っています。

ユーモア溢れる深川祐次社長。貴賓室に飾られた、皇室へ納めたものや美術品を見せていただきながら話が弾みます。

く環境が激変する中、その時流を読み変化を恐れず、新しいことに果敢に挑戦した人でした。折しも一八七三年（明治六）のウィーン万博で日本の工芸品、特に有田焼に対する反応が非常に良く、次期開催のフィラデルフィア万博では、有田焼を世界に売り出していこうと政府の工芸振興策が打ち出されました。

山野　それが会社設立につながったのですか。

深川　そうですね。直接的には肥前（現在の佐賀県）出身の歴史学者久米邦武（注3）の勧めがあったからといわれています。久米は特命全権大使岩倉使節団の一員として欧米を視察する中で、イギリスのミントン社やイタリアのジノリ社などを見学し、より良い生産体制を敷くには会社組織の設立が不可欠だと、有田の有力者たちに会社設立を勧めます。そして一八七五年（明治八）に九州初の会社組織であり、最初の陶磁器製造販売会社である合本組織香蘭社が誕生しました。

世界に認められる有田焼になるため日本ならではの図案が生まれ技術革新が飛躍的に進んでいく

深川　万博に向けての準備の中で忘れてはならないのが『温知図録』（注4）です。これは日本における「図案」の始まりで、主導したのは肥前出身の納富介次郎（注5）です。この『温知図録』は香蘭社にも配られ、万博に向けて多くの作品が作られました。図録の特徴は、江戸時代に主流だった中国的な意匠から脱却した、日本的な意匠が描かれたところですね。

写真左から、色絵金彩龍鳳凰文水注（1875〜1880年代）、色絵鳥文瓜形水注（1875〜1880年代）。いずれもフィラデルフィア万博の開催と時期を同じくして作られた海外輸出向けの水注（みずさし）。水注といっても実際に水を入れて使われたというよりは装飾品として輸出されていたと推測されます。

【テーブルコーディネートに使った器】
色絵褐地麒麟牡丹唐草鳥文コーヒーポット、同コーヒー碗皿（すべて1875～1880年代）

ブラックホーソンは清の康熙帝の時代に作製された褐色もしくは黒地に梅の花や鳥の図を描いたもので、西洋で大人気を博しました。黒のテーブルクロスに赤いダリアやピンクの蘭で、ブラックホーソンのエキゾチックな柄を楽しむ設えに。

山野　少し不思議なのですが、色絵鳳凰麒麟龍亀文三足花瓶（四六ページ）は、図案には形のデザインだけで文様が描かれていません。

深川　香蘭社には絵が描ける絵師がいるという信頼の表れでは、と思っております。この図案の文字のところに「陶製有田焼花瓶真形図」と書いてありますよね。江戸期、有田磁器は伊万里から船で全国に積み出されたため、消費地では伊万里焼と呼ばれていました。一般的には一八九七年（明治三〇）、有田に鉄道が開通し直接出荷されるようになってから有田焼の名称が定着していくのですが、この図録が書かれたのはそれ以前です。

山野　ということは……。

深川　この図案の書かれた一八七五年頃には有田焼として認知されていたということです。時を同じくして、技術面でも大きな変化がありました。ワグネル（注6）が有田に窯業指導に来て石炭窯の設置を指導したのです。

山野　それまでは登り窯（注7）での焼成だったのですよね。

深川　そうです。登り窯は薪が沢山必要で、その資源の確保が問題となっていました。熱効率の意味からも石炭窯の技術を知ったのは技術力の躍進につながりましたね。

山野　それからコバルト絵具ですか？

【テーブルコーディネートに使った器】
色絵竹林文紅茶セット
(1890〜1910年代)

こちらも輸出向けのティーセットですが、竹林が非常に繊細なタッチで描かれています。このセットを使って、香蘭社本館西側の光注ぐベランダに、アフタヌーンティーの設えを。ブルーのテーブルクロスで色彩をリフレインさせ、山帰来の蔓と葉で初夏の爽やかさを演出。これらのティーセットは、布張りの箱に収められています。持ち主が大切に持ち運び、ティータイムを楽しんでいたと想像されます。

深川　はい。それまでは青の絵具は呉須という中国産の天然の鉱石を原料にしていましたが、年々採れなくなっていて、非常に高価でした。コバルトを使うことにより鮮やかな絵

上絵付け。染錦 御所車飾り大皿に赤で線描きをしているところ。

具が安価に手に入るようになりました。

ジャポニズムの大流行と万博での成功

山野　明治の有田焼が世界で評価されたのはどうしてなのでしょうか?

深川　一八六七年（慶応三）のパリ万博から始まっていたジャポニズムの流行があったからだと思います。ジャポニズムというのは平たくいうと「ヒエラルキーのない価値観」です。江戸時代、日本人は有田焼を輸出する際に、割れないように葛飾北斎などの浮世絵の紙に包みました。それを見た西洋の人は驚きました。

山野　山や波や木が絵の主題だからですね。

深川　そうです。西洋では絵画はヒエラルキー的に神様、貴族の肖像画が描かれるべきもので、市井の人はもちろん、自然が主役として描かれることなどまずないことでした。遠近法でないフラットな描き方も衝撃を与えたと思います。またヨーロッパの人にとっては建築・絵画・彫刻こそが大芸術。工芸や装飾芸術は小芸術で価値の低いものでしたから、日本の工芸が、実用の小物に惜しみなく手をかけていること、美術的価値の高い浮世絵が

上絵付け。瑠璃金彩葡萄のコーヒー碗皿に、金の線引きをしているところ。熟練の絵描き工の筆捌きは実に鮮やか。

素焼きから上絵付けまで、磁器焼成の過程のサンプルを展示。訪問者がこれを見ると焼成の過程が理解できるようになっています。

庶民の手の中にあったことが驚きだったようです。平和が続き、豊かで爛熟した町人文化があったことと日本古来のアニミズムのなせる業です。

山野　色絵秋草牡丹唐草文水注（四六ページ）は、唐草という中国モチーフに日本の秋草が描かれていて形も凝っています。

深川　それこそが明治有田的なデザインの特徴ですね。江戸時代は景徳鎮の器のデザインを手本に描いていましたので、その時代の輸出品は美術史的にはシノワズリに分類されます。それが明治になり、自由な表現が許されました。『温知図録』も絵の部分は職人に任

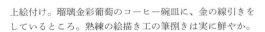

されていたので、日本らしさを表現したいという意識の高まりが生まれたのだと思います。その高まりが万博の出品物の武者絵や梅、松といった日本らしい絵付けモチーフから伝わってきます。

有田焼の未来のためにも支えてくれる協力会社をサポートしていく

山野　フィラデルフィア万博から一五〇年近く経ち、有田のこれからについてどのようにお考えかお聞かせください。

深川　香蘭社の基本理念は全力で物作りに励み、その成果で社会貢献するという第八代深川栄左衛門の時代と変わりません。それでも陶土は陶土を作る会社から取り寄せていますし、石膏型に特化した会社、鋳込み素地に特化した会社、釉薬だけを製造販売している会社など、細やかな分業体制に支えられているのが有田の現状です。そういった会社が、人手不足や機械の老朽化などの理由で続けていけなくなっている。社会貢献という理念をもつ香蘭社として、そうした企業へのサポートも含めて有田の発展に積極的に寄与していきたいと思っています。

注1：重要伝統的建造物群保存地区　有田町の内山地区の一部が、平成3年4月30日に「有田町有田内山伝統的建造物群保存地区（製磁町）」として国により選定された。これは昭和50年の文化財保護法の改正による伝統的建造物群保存地区の制度によるもので、広さ15.9ha、泉山の「上の番所」から岩谷川内の「下の番所」跡までを対象にしている。

注2：高柳快堂　1824年～1909年。幕末～明治時代の画家。佐賀市久保田町の出身。山水画を得意とした文人画家であったが、明治に入って香蘭社に勤め、大皿などに画を描いた。

注3：久米邦武　1839年～1931年。歴史学者。旧佐賀藩士。父は有田の皿山代官。1871年～1873年にかけて特命全権大使岩倉使節団の一員として欧米を視察。イギリスのミントン社、フランスのセーブルの国立陶磁製造場などを視察し、フィラデルフィア万博に向けて、日本の窯業界に必要なのはより良い生産体制と、「会社設立の必要性」を唱えた。第八代の深川栄左衛門とは生涯にわたって親交があった。

注4：温知図録　官製工芸図案集。ウィーン万博での経験を踏まえ、フィラデルフィア万博の準備の際に事務局側が出品に適した「図案」を作成し、配る方法が取られた。江戸期と異なる日本的意匠の出現するきっかけとなった。

注5：納富介次郎　1844年～1918年。画家・工業デザイナー。父は小城藩（佐賀藩の支藩）の藩士。1873年（明治6）ウィーン万博会で政府随員として渡欧し、フィラデルフィア万博に向けての日本初の「図案」を担当した。

注6：ワグネル　ゴットフリード・ワグネル（1831～1892）。ドイツの化学者。1868年（慶応4）に来日した際に佐賀藩の要請で有田で窯業指導を行う。その際、石炭窯の設置とコバルト絵具の使い方を指導する。

注7：登り窯　16世紀末に朝鮮半島から伝わった技術で造られる、製品を焼き上げる部屋を斜面に階段状にいくつも連ねた窯。天狗谷窯跡（17世紀中頃）は、幅3～8m長さが50mあったものと思われる。

白亜の本館は1階がショールームで2階に古陶磁美術館があります。テーブルコーディネートは本館2階の応接室とベランダで撮影。

本館2階の古陶磁美術館。無料で公開されています。明治時代の輸出向け、国内向けのコレクションは素晴らしく、一見の価値があります。

香蘭社
佐賀県西松浦郡有田町幸平1-3-8
電話 0955-43-2132
https://www.koransha.co.jp

深川製磁

森に囲まれた
チャイナ・オン・ザ・パークには、
深川製磁のすべてを見ることができる
忠次館と、ラベンダー畑が広がる
敏子メモリアルガーデンがあります。
訪れたのはラベンダーの見頃も近い
緑濃い五月のことでした。

忠次舘をのぞむ敏子メモリアルガーデンのヒルトップに朝食の設えを。新緑の食卓に、輝くような木漏れ日と風を感じながら。

Toshiko

深川製磁に嫁いだ一人の貴婦人にオマージュを捧げた薔薇の食卓

二代目社長深川進との大恋愛の末、北海道から有田へ嫁いだ敏子。彼女の短い人生を書いた一冊の本があります。「〝ベージュ色のワンピースの上からコートをはおり、頭にはつば広の帽子。帽子につけられた真紅の薔薇のコサージュ（中略）、右の小脇にバイオリンを抱え、左手には黒い革のスーツケースを握っている。（中略）今泉くい夫人は、その出会いをこう語っている。〟まるで天使が降り立ったごたった〟」（『華の人　有田に生きた薔薇の貴婦人・敏子の物語』伊藤緋紗子著　注1）。敏子の儚くドラマチックな一生を綴ったこの本を読んだときから、私の中でテーブルコーディネートのテーマは「敏子へのオマージュ」と決まっていました。使用した器

は「染錦絢爛草花絵」。深川ブルーといわれる瑠璃色や、緑、花赤、金彩といった溢れる色を、テーブルクロスの緑、ネームカードの瑠璃色、薔薇をメインにしたフラワーアレンジメントのピンクと、テーブル全体にリフレインしました。

【テーブルコーディネートに使った器】

52ページ・染錦絢爛草花絵 花型大鉢、
53〜55ページ・染錦絢爛草花絵 紅茶碗皿、
同 盛皿、同 ペアプレート、
56ページ・染錦絢爛草花絵 花結びポット

「染錦絢爛草花絵」は大きなテーブルをカバーできるほどアイテム数の多いコレクション。描かれているのはシノワズリ風の女性ですが、花の絵柄が、牡丹、菊、朝顔、撫子など日本的で、釉薬の発色の美しさや絵付けの繊細さが際だつ、使えるスタイルやシーンが多い器です。洋のテーブルコーディネートにも見事にマッチし、文字通り華を添えてくれました。

世界に通用する有田焼を目指した創業者、深川忠次の思いを受け自社一貫生産に日々挑む

山野　そろそろ敏子メモリアルガーデンのラベンダーが見頃ですね。

深川製磁代表取締役社長　深川真樹生（以下深川）　五月半ばから六月上旬までが見頃ですね。ラベンダーフェアも始まります。

山野　敏子メモリアルガーデンは、北海道から大恋愛の末、二代目社長深川進に嫁ぎ、若くして亡くなった敏子夫人を偲ぶために造られたとお聞きしました。深川家にとって敏子さんは特別な存在なのでしょうか？

深川　そうですね。祖先を敬う気持ちが強いのはもちろん、深川家の人間は代々ロマンチストで情熱家ですから。祖先が窯焚き職人ということもあって炎の家系といいますか、情熱的ですね。私は違いますが（笑）。

山野　窯焚き職人でいらしたのですね。

深川　江戸時代の有田は分業制でしたから、どの窯元もルーツはそれぞれです。ろくろ師、絵付け師、赤絵付け師など……。深川製磁はルーツが窯焚き職人で、初代の深川忠次の頃から「窯の炎の温度を大切に」してきました。忠次は大学を卒業してすぐに行ったシカゴ万博で、「世界に通用する日用品を目指そう」と独立を考えました。

山野　世界に通用する日用品ですか？　美術品ではなく？

深川　そうです。当時の輸出品は美術品ばかりでしたが、欧米のライフスタイルに溶け込む有田焼を作りたいと思ったようです。忠次のメモには経営的なことから、商品のデザイン、釉薬など材料の調達まで、細かい計画が書かれています。一八九四年（明治二七）に独立したときは二十四歳の若さでした。

一九〇〇年パリ万博で金牌を取った大壺は今も、深川製磁のシンボル

深川　独立しても知名度がない。そこで作ったのがあちらに飾っている大壺です。対で作られ、一九〇〇年（明治三三）のパリ万博で金牌を受賞、四年後のセントルイス万博でも金賞を取り、二個のうち一個はフィラデルフィア博物館に寄贈されました。

山野　高さ二メートルはありますか？　これだけの大きさですと、いくつかに分けて形成して焼成されたと思いますが、一見したところ歪みも見られません。

忠次館の一階にて。とてもお話上手な深川真樹生社長。

【テーブルコーディネートに使った器】
右のトレイ・白鶴波紋様 三角小皿、流水桜 松型千代口、笹青磁 千代口、呉須釉 珍味入、ゆるり山水 四方波取皿、てとて・ヒスイちょこ、古代縞 分銅型珍味入、右手前と左奥の折敷の上・明染付白抜紋 プレート皿、笹青磁網目 飯碗、笹青磁 貝彫刻つまみ蓋物、IROHA 箸置、左手前と右奥の陶板の上・瑠璃 2626 陶板、吉祥ルリ地丸文 蓋付飯碗、笹青磁4号皿揃、左奥・草花折枝白抜紋 26cm ミート皿、左のトレイ・笹青磁うさぎ 急須茶器揃

深川ブルーが美しい明染付白抜紋や笹青磁の蓋付の器を合わせて和食の設えを。瑠璃色の陶板やお皿はコーディネートを引き締める役目をします。

深川　当時の大物作りの第一人者、ろくろ師・井出金作の奇跡といわれていますね。三つのパートに分けてろくろで形成、接着して焼成しています。接着作業は窯の中で行われて、取り出すときは窯を壊したそうです。

山野　すごい……。大きさにも圧倒されますが、丁寧で細密に描かれた文様や蓋のつまみ部分の陽刻（注2）にも目を奪われます。

深川　作製に三年間を要したと聞いています。現在でもうちの職人たちは、迷ったときはこの大壺を見て参考にしています。

山野　深川製磁の物作りのシンボルのような存在なのですね。

深川　パリ万博で金牌を受賞した後にも、世界へどう発信していくかという問題は残っていました。そこで作ったのが、染付で日本の吉祥紋様である松竹梅や鶴、また富士山を扇に見立てて大胆に描いた脚付きのコンポート（五八ページ）です。その器にチョコレートをのせてパリのチョコレートブティックで飾っていただいて大変好評を博したということが、忠次の日記に書かれています。

山野　当時としては新しい見せ方ですよね。忠次さんは常に先見の明があるというか……。西洋の暮らしの中でいかに有田焼を日用品として使うのかという視点とご提案には、驚くばかりです。

1900年のパリ万博に出品した「色絵龍鳳凰文蓋付大壺」。

お客様との対話を生み出す 忠次舘の仕掛け

深川　その忠次の名前を冠した忠次舘は、建築家の故・白井晟一氏に師事した柿沼守利先

上／チャイナ・オン・ザ・パークの奥深くに、柿沼守利氏設計の忠次舘が佇みます。忠次舘へのアプローチは階段のみ。左手に敏子メモリアルガーデンを見ながら階段を上っていくと、煉瓦造りの建物が迎えてくれます。下／忠次舘は季節ごとに展示が替わりますが、基本は、入り口（写真奥）に現代作品、奥に進むに従って明治時代の輸出品が並び、深川製磁の歴史を辿れます。間接照明を多用し、天窓からの自然光で器の色が綺麗に見える設計がユニーク。

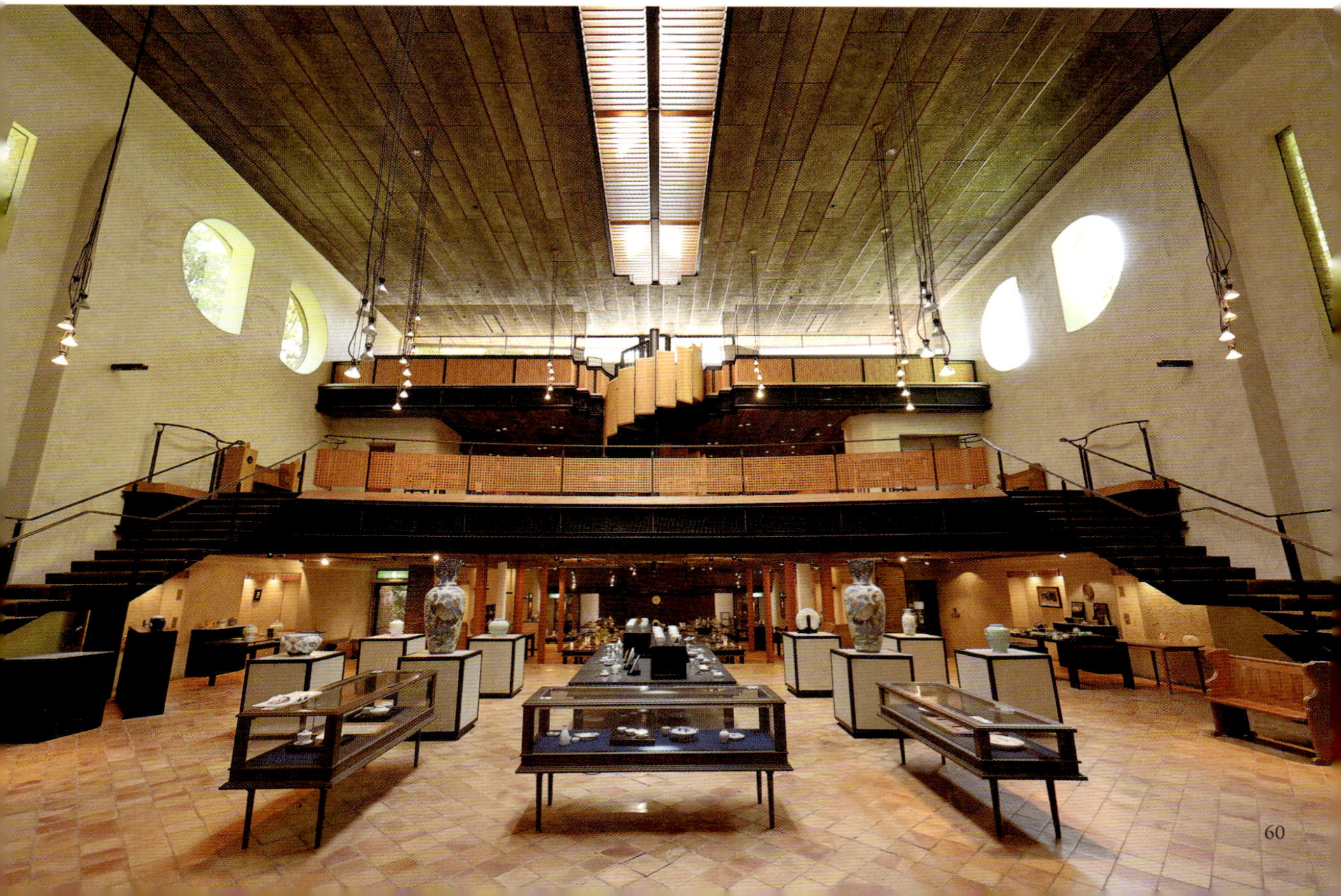

生により平成元年に建てられました。

山野　間接照明がとても素敵です。実は昨日忠次舘の二階でテーブルコーディネートを撮影した際に、深川ブルーの瑠璃色の発色にとても苦心しました。改めて今日、野外で撮影したら、昨日の写真とは全然色が違うんです。こういう色だったのかと驚きました。

深川　それはこの建物の仕組みを見透かされているようですね。

山野　と言いますと？

深川　間接照明なので焼き物の色が暗く見えるのはその通りなのですが、ちょっと天井を見ていただけますか？

山野　天窓が……ありますね。

深川　展示してある器が暗く見えると、お客様から「本当はどういう色ですか」と聞かれます。その際にスタッフが天窓の下にお持ちするのです。すると「全然色が違う、綺麗！」となり、そこからお客様との会話が広がっていきます。

山野　ということは、私は忠次舘の思惑にはまったと……（笑）。

深川　実際深川製磁には色を検査する職人がいて、濃すぎたり薄すぎたりしたものは引いていくのですが、そのときに自然光とライティングの両方を使うことにヒントを得て、このような造りになっています。

スイスの高級時計のように
自社一貫生産で精密な物作りを目指す

山野　先日、有田町幸平の本社工房を見学させていただきましたが、陶石を粉砕して水簸《すいひ》するところからすべて自社工房で一貫生産されているのを拝見し、驚きの連続でした。

深川　世界一の焼き物を作るには、すべての工程を自社の中で一貫していくのだという忠次の精神が生きているんですね。スイスの高級時計のように、０・１㎜単位で合わせたい、となると自社工房ですべてを生産していく技術を持たなければなりません。

山野　そのエキスパートぶりと、私のような見学者にも惜しみなく技術を披露してくださる精神に心打たれました。

深川　それは嬉しいお言葉です。うちには窯焚きもいますし、絵付け師、造形師、絵の具の調合師もいます。それぞれのエキスパートがいるのは素晴らしいことなのですが、個性の強いエキスパートたちをオーケストラのようにまとめてコンセンサスを取っていくのは本当に難しいんですよ。

山野　二〇二四年は創業一三〇年。節目の年でしたね。

深川　忠次の時代から目指してきたのは「世界一の焼き物作り」。そのうえで創業一三〇年を迎えて社内で新たに確認したことは、もっと技術を研鑽していこうということです。技術はなくなるときは早くて、継承にはとても時間がかかるものですから。

山野　おっしゃる通りだと思います。

深川　そのうえで、有田としてより発展していくためには、窯元の壁を超えた連携が必要だとも思っています。有田という世界的に見ても非常に恵まれた環境の中にいますので、その魅力をほかの窯元様と連携して発信していきたいですね。

注1：『華の人　有田に生きた薔薇の貴婦人・敏子の物語』伊藤緋紗子著（小学館文庫）。

注2：陽刻　浮き上がらせて作られた彫刻や文様。

深川製磁
CHINA ON THE PARK
佐賀県西松浦郡有田町原明乙111
電話 0955-46-3900
https://www.fukagawa-seiji.co.jp/

アリタポーセリンラボ

「ARITA PORCELAIN LAB 有田旗艦店」は一九三一年（昭和六）築の本社をリノベーションしたスタイリッシュな旗艦店。斬新で創意に富んだ有田焼を発信しています。

【テーブルコーディネートに使った器】
JAPAN SNOW ロックカップ 古伊万里草花紋、
同 三段重 丸紋寿 吉祥文様、同 徳利 古伊万里草花紋、
同 盃 古伊万里草花紋 、同 銘々皿 古伊万里草花紋、同 フラットプレートL プラチナ

アリタポーセリンラボを代表するベストセラー JAPAN SNOW 古伊万里草花紋のシリーズ。「モダンなインテリアの中に溶け込む色彩と質感の器を」との七代目弥左ヱ門の思いが込められた器は、シリーズで使うとよりスタイリッシュな食空間を演出します。

【テーブルコーディネートに使った器】
弥左ヱ門 銘々皿 波鶴、弥左ヱ門 銘々皿 古伊万里草花紋、
弥左ヱ門 小鉢 三方ガラミ紋、
弥左ヱ門 菓子鉢 菊地紋、弥左ヱ門 徳利 古伊万里草花紋、
弥左ヱ門 盃 古伊万里草花紋、
弥左ヱ門 輪花鉢 龍鳳凰紋、弥左ヱ門 箸置 魚草紋

JAPAN SNOW 古伊万里草花紋のデザインの元になった弥左ヱ門の古伊万里シリーズをコーディネート。見比べてみるととても面白いですね。江戸時代に大人気だった古伊万里の器は、障子を通した柔らかい光の空間によくなじみます。グラスや折敷にモダンなアイテムを合わせて抜け感を演出して。

プレイフルな吉祥文様、クラシカルシックな吉祥文様

「ラグジュアリーモダンな有田焼」として不動の人気を誇る、JAPAN SNOW 古伊万里草花紋の器とプラチナの大皿、そしてプラチナを大胆に使った吉祥文様の重箱を用いて、おもてなしのテーブルコーディネートを作りました。あえてテーブルクロスを敷かずにテーブルの大理石の質感を生かしたのがポイントです。黒い壁や大理石とバランスよく自然に融合するように、モノトーンのナプキンやシルバーのカトラリー、クリスタルの花瓶など、合わせるテーブルウエアにも工夫をしました。モノトーンの色調と硬質なテーブルウエアが生み出す空間には華やかなボルドーカラーの生花を。エレガントな色彩を添えつつ食卓を和らげるアレンジメントです。

創業二二〇年。度重なる苦難にも負けず、新しい発想で、現代に愛される有田焼を目指す

山野　歴史ある外観からは想像できない洗練された店内に、いい意味で驚かされます。

七代目松本弥左ヱ門（以下七代目）　この辺りは一九九一年（平成三）四月三〇日に「重要伝統的建築物群保存地区（製磁町）」に指定されましたので、外観を変えることには制限があります。元々は一九三一年（昭和六）に建てられた有田物産株式会社の本社と工場でした。窯元としての歴史ある建物を生かしたいという思いで二〇一六年（平成二八）に改装しました。

初代は上幸平の窯焼き、三代目は銀行家にして有田に鉄道を通した立役者

七代目　初代弥左ヱ門の父は松本平左ヱ門という上幸平の窯焼きでした。窯焼きとしての営業許可証を藩からもらった一八〇四年（文化元）を弥左ヱ門窯の開かれた年としています。ですが早くも二代目のときに天保の飢饉で不況に見舞われて一旦廃業しています。

山野　そうだったんですか。

七代目　三代目は窯焼きではありませんでしたが、有田町の振興に大変尽力しました。彼に関しては、一般には流通していませんが、私の祖父の弟である松本源次が書いた『松本庄之助伝』（注1）という書籍が残っています。それによりますと一八八八年（明治二一）に洪益会社（洪益銀行の前身）を設立。当時は有田銀行という富裕層向けの銀行しかなかった中、こちらは庶民の味方の銀行で、一九五五年（昭和三〇）に佐賀銀行になりました。

山野　洪益会社設立の明治時代は、有田の美が世界に知れ渡っていった頃ですね。

七代目　そうですね。しかし江戸時代に有田焼を輸出していたのは伊万里港でしたから、ヨーロッパでは「IMARI」として認知されていました。これを「有田焼」として世界に知らしめる尽力をしたのが三代目なんです。一八八九年（明治二二）に町会議員になった三代目は有田焼の出荷には鉄道駅が不可欠と、九州鉄道との困難を極める交渉に挑み、一九〇九年（明治四二）遂に上有田駅が開設。これにより上有田駅から焼き物が輸出され、「有田焼」として認知されるようになったのです。

独創的なアイデアに溢れた七代目弥左ヱ門。穏やかなお人柄でファンが多い。

アリタポーセリンラボをブランドとして立ち上げる

七代目　五代目でようやく弥左ヱ門窯を再建。

左・ゴールドイマリ〝モノリス〞福禄寿、右・ゴールドイマリ〝モノリス〞寿老弁財天、手前・ゴールドイマリ〝モノリス〞布袋尊。創業220年を記念して立ち上げられたアリタポーセリンラボの最高位銘「七代松本弥左ヱ門」ブランドの最初のシリーズ「ゴールドイマリ〝モノリス〞」。アーカイブ図案と伝統の金襴手古伊万里様式を融合し、アートとして仕上げた一点物の限定作品です。

副島園茶寮 嬉野温泉 和多屋別荘　佐賀県嬉野市嬉野町下宿乙738　電話0954-42-0210

副島園茶寮は、嬉野茶農家の営むスタイリッシュな茶房。アリタポーセリンラボの器でお茶とお菓子を愉しめます。

一九五七年（昭和三二）のことでした。そのとき作った「ゴールドイマリ」というディナーセットが大変好評で、ヨーロッパ・中近東・アフリカへ大量に輸出していました。

山野　金襴手様式を復刻させたような非常に華やかなデザインだったそうですね。

七代目　その頃は有田に三か所、韓国にも工場がありました。しかし一九八五年（昭和六〇）のプラザ合意以後、輸出が難しくなり、一気に経営難に。銀行員として東京にいた私は親に呼び戻され、会社を再建して現在に至ります。

山野　再建も一筋縄ではいかなかったのでは。

七代目　現代のライフスタイルに合った有田焼を作らなければならないと考え抜き、器の美しさを決めるのは「色彩と質感」だと思ったのです。古伊万里は日本家屋の陰影のある光の中で美しく見える器であって、現代の蛍光灯などに合う器は違うのではないかと。そのことを職人に伝えたら興味を持ってくれて、工夫を重ねる中、刷毛で釉薬を塗るとマットな質感になることがわかったんです。さらに単色使いはモダンに見えるという色彩の法則を取り入れました。マットな質感と単色使いを元に生み出されたのが、アリタポーセリンラボのJAPANシリーズです。

山野　英文字なのは何か思いがあってのことですか？

七代目　新しい日本の食のスタイルを提案したいということと、いずれは海外でも競争力をもつブランドにしたいという思いですね。

山野　旗艦店にカフェが併設されているのも新鮮ですね。

七代目　器は使って初めて良さが伝わるもの。ショールームでは見て楽しみ、カフェでは使って楽しんで、アリタポーセリンラボの世界観を体感できるスペースになればという思いです。最近では、旗艦店以外のカフェでも使っていただいたりしています。

様式とはデザインを制約することである

山野　今日のコーディネートに使わせていただいたJAPANシリーズの「古伊万里草花紋」の和皿は、テーブルコーディネーターにも大変人気です。何が魅力だと考えられますか？

七代目　二〇年ほど前でしょうか。九州陶磁文化館の鈴田由紀夫館長（当時は同館学芸員）の、柿右衛門様式（注2）についての講義を聞く機会があったのですが、そのときの「様式」の定義がとてもインパクトがあるもので、頭から離れませんでした。

山野　どういったお話だったのでしょうか？

七代目　「様式とはデザインを制約することで、例えば柿右衛門様式の決まりごとを守ってポルシェを描いても柿右衛門に見える。それが様式の力だ」というお話でした。

山野　鈴田館長らしい鮮烈なインパクトを与えるたとえですね。

七代目　シンプルに明快に人々の印象に残るように、様式として成立するようにと考えてデザインしたのがJAPANシリーズであり、「古伊万里草花紋」なのです。

山野　デザイナーが別にいらっしゃると思っていましたので、七代目ご自身がデザインされたとお聞きして驚いた記憶があります。

七代目　デザイナーではないから、迷うことなくシンプルなものができたのだと思います。

山野　具体的には、JAPANシリーズのどのようなところが「様式」なのでしょうか？

七代目　釉薬を刷毛塗りにしたマットな質感に、絵柄は2色、プラチナとゴールド、ラインを強調する。色彩やデザインを制約したところが「様式」といえます。

山野　「古伊万里草花紋」のシンプルなデザインと黒い太いラインは写真映えもして、お料理がのっていなくても様になります。

創業二二〇年を機に復刻した「七代松本弥左ヱ門」ゴールドイマリ

山野　これからのヴィジョンをお聞かせいただけますか？

七代目　二〇二四年に創業二二〇年を迎えました。本筋としてはJAPANシリーズをさらに拡大していきますが、元々あった弥左ヱ門のシリーズも復活させていきたいと考えています。

山野　それがこちらの花瓶（六七ページ）ですね。手描きならではの絵具の濃淡がとても綺麗です。デザインも個性的で、JAPANシリーズとはまったく違った雰囲気です。

七代目　はい。弥左ヱ門窯の歴史を考えたときに、最も華やかだった時代のゴールドイマリのシリーズを、よりモダンに、そして手描きで復刻させることに挑戦しています。一〇年後、二〇年後に向かって「七代松本弥左ヱ門」ブランドとして大きく羽ばたかせていきたいと思っています。

モダンなロゴが目を惹きます。アリタポーセリンラボ旗艦店には、数多くのシリーズが並びます。

注１：『松本庄之助伝～有田皿山激動記』著者 松本源次（市販はされていません）。
注２：柿右衛門様式　詳しくは17ページの注３を参照。ここでいう柿右衛門様式とは、九州陶磁器文化館の鈴田由紀夫館長が七代目弥左ヱ門に語った「赤絵の色彩の配色にも制限があり、その配色を守って絵を描くと、どんな題材やモチーフも柿右衛門様式に見える」という内容を指す。

アリタポーセリンラボ 有田旗艦店
佐賀県西松浦郡有田町上幸平1-11-3
電話 0955-29-8079
https://aritaporcelainlab.com

李荘窯業所

天狗谷窯跡の近く、陶祖李参平邸の跡に建つ李荘窯業所。
国内外の数々のレストランとのコラボレーションや
アートのような器作りなど、話題に事欠かない四代目寺内信二さん。
美意識に満ちた器がテーブルを彩ります。

ユニークな器を主役に、食卓に高低差をつける

撮影したのは大分県湯布院の街を見下ろすオーベルジュ「ENOWA YUFUIN」。その広いテラスに「湯布院という街の景観」と「スタイリッシュな器」を融合させたテーブルコーディネートを作ってみました。器は、ENOWAのシェフ、タシ・ジャムツォ氏の注文で作った、呉須のブルーが美しいアートのようなプレートを主役に。テラスにあるプールの青と空の青を共鳴させるようにテーブルクロス、ナプキン、グラス、ワインボトルまですべて青で色彩をつないでいき、カトラリーレスト、折敷はクリアなものを用いて水のイメージを想起させます。仕上げは食卓に高低差をつけるアイコニックな珠型三段重。食卓から街へ、空へと視点を移動させることで、おもてなしの空間に広がりが生まれました。

【テーブルコーディネートに使った器】
小さい球体・吹墨小花 珠型珍味（中）、
大きい球体・白磁ブラスト 珠型三段重、
料理を盛り付けた器・APO 呉須垂込ブラスト
Frame 26㎝ プレート

料理を盛り付けた器は、寺内さんがENOWAのタシシェフの注文で作ったオリジナルプレート。李荘窯業所は多くのシェフとのコラボ商品を作製しています。印象的な珠型の三段重と珍味入れを配して高低差をつけることで、コーディネートが華やかにそして奥行きある印象に。

テーブルクロスをあえて使わない理由

前のページで紹介した食卓が水のイメージならば、こちらは緑豊かな湯布院の森のイメージで。テーブルクロスを敷かないことでテーブルの木目を生かし、ナチュラルなリゾート感を演出します。ここで注目していただきたいのは色彩のリフレイン、そしてアクセントカラーの使い方です。有田の山際にかかる美しい月からイメージして作ったというフォトジェニックなMoon Surfaceの土瓶を中央に、黒垂込ロータスプレート、銀彩の珍味入れと、アースカラーの器を同一色相で配していきます。左に配したブルーのティーカップは隣接するテーブルクロスの青と呼応し、右端のグリーンのティーカップは背景の森へと色彩を繋ぎます。アクセントカラーとなるのはミモザカクテルのオレンジのボトル。青の反対色相であるオレンジが食卓を一気に引き締めます。このように広い空間でのコーディネートは、その食卓につく人の視点移動を考えることが重要です。Moon Surfaceの土瓶の造形美にまず目を奪われ、同系色の器、青、緑、アクセントカラーのオレンジ、スモークツリー、最後に視点は背景の森へと吸い込まれていきます。

ENOWA YUFUIN
大分県由布市湯布院町川上 丸尾544
電話 0977-28-8310(代表)
予約・問い合わせ 0120-770-655
(受付時間 9:00-17:45)

レセプション脇にある、円形のインドアガーデン。

レストラン「JIMGU」では、湯布院の大地が育てた滋味をいただけます。

湯布院の宿泊施設の中でも異色の存在感を放つENOWA YUFUIN。

【テーブルコーディネートに使った器】
手前右ガラスの器の上・本銀彩（タタキ）珠型珍味、
その右横・本銀彩 手作り突立ぐい呑み、
その奥・グリーンコスモスブラスト鎬ティーカップ＆ソーサー、
手前左・No.1 黒垂込ロータスプレート（小）（強化）（Cast）、
一番左・コスモスブラスト鎬ティーカップ＆ソーサー、
中央・Moon Surface 土瓶（大）、その両脇・Moon Surface 凛仙茶

李荘窯業所の器はアートのようにフォトジェニック。一見ではそれぞれ個性的な器ですが、食卓に配すると不思議と統一感を生み出し、形や質感の違いを超えてまとまっていきます。「使いやすい器、喜ばれる器」を作りたいという寺内社長の信念を、使うことで感じられます。

有田が興って四〇〇年。四つの様式が誕生して三〇〇年。そろそろ新しい「有田」、今の時代の「有田」を作らなくては

山野　今回の撮影場所を探しているときに、ENOWAのタシェフが寺内さんの大ファンで器もオーダーされたとお聞きして下見に行き、ここだ（笑）ということで決めました。

李荘窯業所代表取締役社長　寺内信二（以下寺内）　そうだったんですね。

山野　ボタニカル・リトリートを目指しているENOWAの空間に珠型三段重を置くと、不思議なワクワク感がありました。こういう斬新な器のアイデアはどこから湧いていらっしゃるのですか？

磁器が嫌いだった後継ぎが有田に戻って感じたこと

寺内　斬新でありながら、あくまでも使いやすくて喜ばれる食器を作りたいという思いがありますが、そもそも私は磁器が嫌いだったのです。

山野　えっ？

とにかくお話し上手な寺内社長。インタビュー中も常に笑いが絶えません。

寺内　高校三年生の夏休みに進路をどうするかという話を、幼稚園からの同級生である十四代今泉今右衛門さんにすると、「僕は美大に行く」といわれまして。彼は高校に入ってから冬休みや春休みは東京の予備校にデッサンを習いに行っていたというんです。そこで、自分も窯元の息子だし行ってみようかと、慌てて真似して東京の予備校の夏期講習に行きました（笑）。

山野　急に美術予備校は大変でしたよね？

寺内　大変どころの話ではなく、最初のデッサンで、今でもよく覚えていますが一三〇名くらいの中で最下位になりました。そこから火がついて、デッサンを必死に勉強。運よく一浪もせず武蔵野美術大学に受かりました。

山野　そうでしたか。ご卒業後は？

寺内　東京の大手の焼き物問屋に勤めました。最初の二年間は商品開発課、後の二年間は営業。これが嫌でしょうがなかった。自分は何をやっているのだろうと。

山野　わかる気がします。

寺内　しかし今になってみると、その二年間の営業経験で世の中の物の流れを体感し、上代の設定などを間近で見たことが、非常に役に立っていますね。

本物の骨董品を見て、有田焼の神髄に目覚める

山野　磁器が嫌いだったとおっしゃいましたが、その意識は変わりましたか？

寺内　私が戻った頃の有田焼は工業製品化されたものが多く、磁器が冷たく見えました。

奥から、白磁ブラスト 26cm 鎬リムプレート、白磁ブラスト鎬ボウル（M)、白磁ブラスト鎬ボウル（S)。

自分は人の手の温もりがあるものを作りたい、手をかけることで有田焼に付加価値をもたせたいと思ったんですね。そこで唐津・萩・備前・信楽などいろいろなところから土を取り寄せ作ってみるのですが、やはりこの土地の土、この土地の技術でしか有田焼は作れないことに気がつきました。そこで思い悩んでいるときに、またまた十四代今泉今右衛門さんが登場するのですが。

山野　本当に仲良し（笑）。

寺内　思い悩んでいたお正月の三日。十四代今泉今右衛門さんが今日は両親もいないし、家にご飯を食べにきませんかと誘ってくれまして、赤絵町の今泉家の本家へ行きました。当時お父上の十三代は人間国宝。現在はご自宅隣の今右衛門古陶磁美術館に展示してあるような骨董品を、日常に使っていらっしゃいました。

奥・千筋梨地炭彩 珠型三段重、手前・本銀彩槌目 珠型三段重。

山野　なんと贅沢な。

寺内　来客の際は、十三代がお好きな初期伊万里（注1）のお皿に料理を盛ってお出ししていたそうで、それと同じように初期伊万里のお皿に海鼠腸《このわた》やイクラ、唐墨《からすみ》などをのせて出してくれたんです。その横に脚付きの根来塗のお膳に、名だたる人間国宝や初期伊万里のぐい呑みが十五個くらい並んでいて、どう

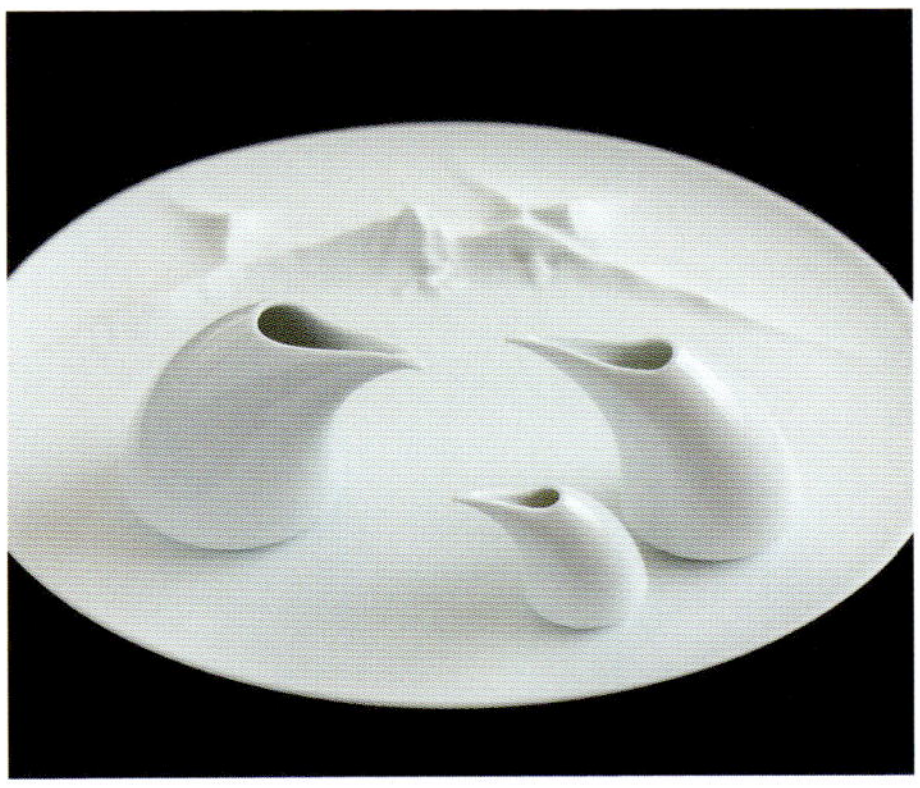

白磁ブラスト 泉山ＴＧＷ 29cm プレート、白磁キウィソースポット、白磁キウィソースポット（中)、白磁キウィソースポット（小)。

ぞお好きなものをお使いくださいと。それが大変衝撃的でした。初期伊万里はこんなに美しいものだったのかと……。青のたおやかさ、食器としての収まりの良さ、映りの良さに衝撃を受け、その夜は眠れないほどでした。

山野 カルチャーショックですね。

寺内 有田にいながら有田の良さが何もわかっていなかったのだと痛感しました。今、私たちが対談している工房は、有田焼の陶祖といわれる李参平さんが住んでいた住居跡なので、四〇〇年前の陶片がゴロゴロ落ちていました。子供の頃、それはただの怪我をするかもしれない危ないガラクタでしたが、それが宝物に変わった瞬間でした。

山野 ずっとこちらにお住まいですか？

寺内 祖父である初代寺内信一が納富介次郎（五一ページ注5参照）に招聘されて有田にやってきたときに、住まいとして用意していただいたと聞いています。初代は山口県の防府の出身で、第十八代内閣総理大臣の寺内正毅は従兄弟でした。初代は日本最初の美術教育機関である工部美術学校（注2）でイタリア人教授ヴィンチェンツォ・ラグーザ（注3）に西洋彫刻を習い、卒業のときにアメリカの有名な建築家ジョサイア・コンドル（注4）が設計した宮殿を造る計画に参加予定でしたが、明治時代は動乱期でその計画がなくなってしまい、そこで瀬戸や常滑で美術教育に携わり、その後、佐賀県立有田工業学校（現在の有田工業高等学校）の初代校長として赴任したそうです。初代は校長の仕事の傍ら磁器彫刻を作り、二代目のときに李荘窯業所と名乗って現在に至ります。

山野 そのような歴史がある窯を継がれたわけですね。

寺内 今右衛門さんのところで衝撃を受けて以来、自分の物作りの原点は染付系統、青系統のものを主体としてやっていますが、これでいいのかという葛藤もあります。

山野 どのような葛藤ですか？

寺内 例えば、四〇〇年前に染付を描いた人がここに現れて、私が描いた染付を見て、四〇〇年も経ったのに同じようなことをしているのかと思わないかということです。我々は今の時代を映す絵を描かなければならないと考えるわけです。鍋島様式、柿右衛門様式、古伊万里様式そして金襴手様式という有田の四つの様式は、一六三〇年頃に磁器焼成が始

1. 窯積みの作業。2. 墨はじきの白抜き部分のみを描いて、濃み待ちをしているところ。墨はじき波兎レンゲ。

5

2

3

4

3、4. 白磁千段 珠型三段重に、塗るとゴム状になる液体を塗布し、その上から施釉。ゴムを剥がした部分に別の釉薬をかけていきます。5. 濃みの行程。ベタ底向付の、線描きされた図柄の中を塗る作業。

李荘窯業所

佐賀県西松浦郡有田町白川1-4-20
電話 0955-42-2438
http://www.risogama.jp/

まってから一〇〇年の間に完成しています。そこからの三〇〇年は新しい様式が生まれず、その四つの様式を繰り返しているだけなのです。自分としては新しい様式となるような染付をこの一〇年で作っていきたいという思いで向き合っています。

注1：初期伊万里　1610年〜1630年に作られた初期の有田焼で中国磁器風の「染付」のことを指す。その素朴な画風や歪な形で数寄者たちから好まれる。
注2：工部美術学校　東京大学工学部の前身の一つである工部大学校の付属機関として1876年（明治9）に設立。日本において本格的な西洋美術の教育が初めて行われた。
注3：ヴィンチェンツォ・ラグーザ　1841年〜1927年。イタリア人彫刻家。1876年（明治9）に開校した工部美術学校に招かれ、日本に初めて西洋彫刻を伝える。
注4：ジョサイア・コンドル　1852年〜1920年。イギリスの建築家。工部美術学校で建築学の教鞭を執る。代表作に上野の東京国立博物館、鹿鳴館、三菱一号館、旧岩崎久彌邸などがある。

畑萬陶苑

畑萬陶苑のある大川内山《おおかわちやま》は江戸時代、佐賀藩の藩窯として最高の技術を集め献上品を作ってきた歴史があります。

ここで本焼きされたものが有田の赤絵町にある御用絵付師、今泉今右衛門家で上絵付けを施され、幕府へと献上されていたのです。

畑萬陶苑は鍋島の技を今に受け継ぐ窯元の一つです。

【テーブルコーディネートに使った器】
左上・鍋島青海波尽くし牡丹文五寸高台皿、キュイール飯碗、モイスト青磁金彩三階松皿　右上・鍋島青海波牡丹文大盃、モイスト青磁金彩亀蓋物　テーブル中央左から・鍋島野菜尽くし文七寸高台皿、鍋島染付麻の葉墨弾き流水壺文高台皿、鍋島桜樹文七寸高台皿　左下・鍋島石楠花文大盃、モイスト青磁金彩鶴蓋物　右下・鍋島御所車桜文高台皿、キュイール飯碗、モイスト青磁金彩三階松皿

徳川家の献上品であった鍋島は、武士の文化らしく力強く精緻なデザインと文様が特徴です。古典的な柄の器とモダンな器を組み合わせて、デザインや質感の違いを楽しむテーブルコーディネートに。

黒いテーブルクロスに、様々な色と形をリズミカルに

男性的で力強く精緻な鍋島の文様に、畑萬陶苑オリジナルの艶のない青磁（モイスト青磁）や独自のキュイール（フランス語で革の意味）加工のプレート、クリスタルのグラスを合わせ、柄や素材感を楽しめるテーブルコーディネートに。モイスト青磁は個性的なものをあえて選びました。松の形のプレートは見た目も可愛くコーディネートのアクセントとなりますし、蓋付きの鶴や亀の器は蓋を開けるまでの期待感もあり、ゲストとの会話も弾みそうです。そしてポイントは黒いテーブルクロス。敷くだけで即座にモダンな印象になるので「反則技」ではあるのですが、鍋島の武士の文化にはやはり「黒」がふさわしい。テーブル花も白のダリアのみで、すっきりモダンに仕上げます。

【テーブルコーディネートに使った器】
キュイール金彩楕円ポット、
キュイール金彩青海波文木瓜珈琲碗皿（青）、
キュイール金彩青海波文フラットプレート

伝統的な柄の青海波にキュイールを合わせたティーセットで午後のお茶の設えを。ポイントは色彩のリフレインです。青海波のブルーを、ブルーのスイートピーの入った春の花のブーケで、キュイールの黒をグレーのテーブルクロスで繰り返しました。

【テーブルコーディネートに使った器】
キュイール金彩梅詰丸壺、
鍋島桜樹文七寸高台皿、
キュイール飯碗、鍋島青海波牡丹文大盃
高台の美しさも鍋島ならでは。大盃と高台皿の高台には櫛目文様が、キュイールの飯碗の高台には青海波が描かれています。

値千金、門外不出の技術を守って三五〇年。今、畑萬陶苑は〝遥か広い世界〟を見据えている

鍋島の「献上」の歴史を世界に発信したいと語る畑石真嗣社長。

山野　伊万里焼と鍋島の違いを教えていただけますか？

畑萬陶苑代表取締役社長　畑石真嗣（以下畑石）　江戸時代、有田の磁器は伊万里港から平戸を経由（一六四一年［寛永一八］以降は出島を経由）して輸出されていました。そこで出荷港の名を取って、有田焼を含めた肥前磁器を「伊万里焼」と呼んだのです。「鍋島」は当時輸入が中断されていた中国・景徳鎮磁器に代えて、一六六一年（寛文元）から廃藩置県まで、佐賀藩主鍋島家が将軍家に献上するために作らせた磁器のことをいいます。

山野　ということは、江戸時代の作品はすべて将軍家への献上品ということなんですね？

畑石　そうですね。といっても、やっていたのは成形から素焼き、下絵、釉薬、本焼成までで、色絵の部分は有田の赤絵町にある佐賀藩お抱え色絵師である今右衛門さんの仕事だったと聞いております。分業することにより、鍋島の秘密を徹底的に守ろうとしたのです。

陶工の流出を許さず 徹底的に技術を守りながら 最高の献上品を作り続けた藩窯

山野　なるほど。ここに来て驚いたのは周りから隔絶された地形とロケーションでしたが、そういうことだったのですね。

畑石　秘密を守れる場所を佐賀藩鍋島家が選んで、藩窯を管理下においたのです。途中で関所の跡もご覧になりましたよね。

インバウンド客に人気があるのは「小さくて可愛く、飾りたくなるようなもの」。香水瓶はコレクションする人も多いといいます。写真右から、宝尽くし文 八角小皿（右上・蓑、左上・宝袋、中央・軍配、右下・笠、左下・巻物）、モイスト青磁金彩宝尽くし文箸置セット、卑弥呼人形、香水瓶（手前から・鍋島金彩桜文角香水瓶、青磁掛分藤文香水瓶、キュイール金彩梅詰文香水瓶）。

山野　はい。陶工が外に出て行かないよう、厳しい統制が取られていた証ですね。

畑石　それはもう徹底的に。秘密を漏らしたものは打首でしたから。当時は将軍に献上するのにふさわしい格式を与えるため、鉢と皿は高台の高い木盃型の食器が作られていました。献上品ですから手間暇を惜しまず、植物を中心に鳥や宝物や楽器などの縁起の良い器物、幾何学文様などが描かれていて、均一な線描きと大胆なデザインが特徴です。

山野　今見てもモダンな印象ですね。

畑石　佐賀藩からまず形や文様の指示がきます。それを藩窯お抱え絵師がデザインします。陶工は藩によって選抜された、当代きっての三一人の名工たちですから、最高の品質の献上品ができたわけです。

独自の製法で作り上げる個性的な器。「青磁モイスト」と「キュイール」

山野　現在の畑萬陶苑さんの作品でテーブルコーディネートに使ってみたいと思ったのはマットな質感の「青磁モイスト」と、革のような手触りの「キュイール」です。どちらもとても個性的ですね。

畑石　青磁モイストはサンドブラストというガラスの装飾に使われる技法を使っています。白磁の釉薬は固定しますが、青磁は流れやすいので溜まってしまう。それを逆手にとって独特の文様とテクスチャーを出しています。キュイールの製法に関しては企業秘密の部分もあるのですが（笑）、特殊な絵具を使い、三回焼き締めることでひびを入れています。焼成温度を上げすぎると溶けてしまうので抑えて焼くのが特徴で、完成までに六回焼成しています。

山野　六回も？　通常の倍ですね。

日本、そして海外へ鍋島の「献上」の歴史を伝え未来へつなげていきたい

山野　畑萬陶苑さんは店舗と工房が一体化していて、気軽に工房を見学できるのがとても魅力的です。

畑石　こちらの建物は量産できるように二五年前に建てました。工房をお客様にお見せして魅力を伝え、技術、文化の伝承や新しい取り組みを知っていただければばと。例えばこれは息子が取り組んでいるのですが、注文のあったイラストを3Dプリンターで立体に起

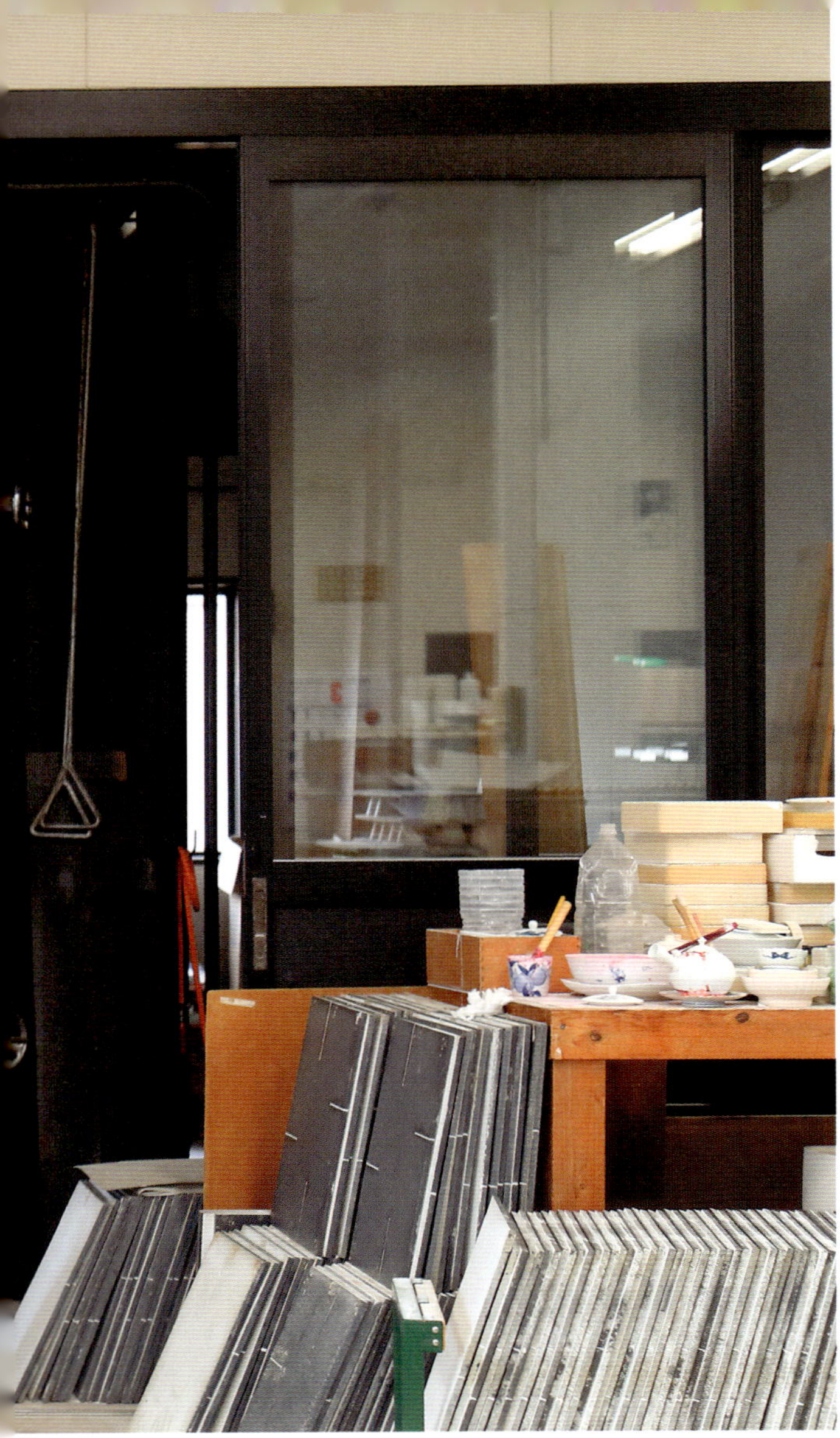

こして作陶するとか。

山野　3Dプリンターですか？　すごい時代になりましたね。

畑石　二〇二五年は藩窯三五〇周年を迎えますので、鍋島の「献上」という文化を広く発信して、現代の鍋島（伊万里焼）に興味をもっていただけるようなパフォーマンスをしていきたいと考えています。伊万里鍋島焼協同組合では一九八九年（平成元）から毎年、鍋島焼を城の残る地方自治体に献上していますが、二〇二四年（令和六）は浜松城のある浜松市に瓶子《へいし》（酒瓶）を献上し、同年二月にはタイ王女にも瓶子を献上しました。鍋島ならではの「献上」というかつての文化を発信することにより、国内外の若い世代に歴史を伝え、現代の鍋島（伊万里焼）に興味を持ってほしいのです。

山野　世界を見据えていらっしゃるのですね。

畑石　魅力的な観光地として国内外に認知されることが目標です。大川内山を気に入ったフランス人の方が伊万里に移住され、古民家でカフェを開きました。彼らのSNSでの発信を見て、最近ではインバウンドのお客様も増えています。

山野　鍋島の精緻な技術と革新的な取り組みは、きっと海外でも高い評価を得るものと確信しています。

畑萬陶苑の工房は店舗に隣接。希望すれば誰でも様々な工程を、順を追って見学できます。左は上絵付け、右は施釉をしているところ。

本焼き焼成用のガス窯。週に一度、1300度まで上げる高温度焼成が17時間半かけて行われています。

畑萬陶苑

佐賀県伊万里市大川内町乙1820
電話 0955-23-2784
https://hataman.jp/

第2章

今すぐ実践。素敵なテーブルコーディネートのためのテクニック集

素敵な器だけでは完成しないのがテーブルコーディネート。
色の合わせ方、素材の選び方、テーブルクロスの使い方……。
有田焼との組み合わせを基本に、
今日から役立つ素敵なヒントをご紹介しましょう。

ちょっとしたテクニックで有田焼のテーブルコーディネートは見違えるほど美しくなります。

本書のテーブルコーディネートの出発点は「有田焼」です。

私は常に、以下の三つのことを心がけながら、様々な設えを作りました。

一つ、食事をしているシーンが見えること。

二つ、「今」を感じさせる「抜け」があること。

三つ、有田焼の染付や上絵付け・吉祥文様が引き立っていること。

この章では、本書で紹介しているテーブルコーディネートの具体例を出しながら、様々なテクニックをご紹介していきたいと思います。

実は日本においては、まだまだ浅いテーブルコーディネートの歴史。

ご紹介するテクニックの中には、西洋に必死で追いつこうとした時代の知恵、日本ならではの空間や素材を、西洋とうまく融和させていくための術など先人たちが作り、磨き上げてきたものも多く含まれています。

時代は移り、日本のテーブルコーディネートもすっかり豊かになりました。

どうぞご一緒に、有田焼から始まる食卓を楽しんでまいりましょう。

テクニック1
色をリフレインする

テーブルコーディネートで私が最も大切にしているのは色彩の統一感です。一目惚れしたグラスの色や、花屋で引かれた薔薇の色などきっかけはいろいろありますが、今回は「有田焼」が出発点なので、器の中の色を食卓上のアイテムでリフレインさせてみました。おすすめは面積を占める割合が一番高いテーブルクロスで、器の色を繰り返すこと。本書のコーディネートでもそのように、器の色をリフレインさせています。テーブルクロス、ナプキン、グラス、そして花まで、同系色で揃えたときに醸し出される統一感は、比類なき美しさです。

器に使われている色彩を食卓全体にリフレインした例。ネイビーをネームカードに、ピンクは花とナプキンに、そしてグリーンをテーブルクロスに。多色遣いの染錦を並べた食卓も、こうすれば美しく調和します。

テクニック1

色をリフレインする

同系色で

上／起点は香蘭社の明治時代の古陶磁に描かれている青と金の竹の色。テーブルクロスの青と、クリストフルのパーシャリーゴールド仕上げのカトラリーで統一感を演出。さらに白磁の白をナプキンでリフレインしました。

93ページ上／李荘窯業所の呉須の青でブルーの世界を作りました。テーブルクロスを少し水色寄りにして、ナプキンやグラスは濃いブルーで設えています。同系色でのグラデーションを楽しむコーディネートです。

93ページ下／テーブルクロス、ナプキン、グラス、ガラス製のレンゲ。テーブルアイテムをすべて青で統一しています。単調にならないように、ナプキンは2種類の折り方に。同系色の中でメリハリをつけています。

テクニック1 色をリフレインする

花と呼応させて

畑萬陶苑のキュイールシリーズのコーヒーカップ（ここではティーカップに見立てています）とケーキ皿。鍋島の古典的文様の一つである青海波との組み合わせが素敵な器です。青海波のブルーを、染めのスイートピーのブルーでリフレイン。硬質な鍋島の古典文様も、繊細な春の花のブーケの色と合わせることで柔らかい印象になります。

香蘭社の明治時代の古陶磁、ブラックホーソンのコーヒーカップの絵柄を覗いてみましょう。描かれている牡丹の花々の赤やピンクの濃みの美しいこと。それをフラワーアレンジメントのダリアや蘭の色、そしてマカロンの愛らしい色で重ねていきます。一見コーディネートが難しそうなカップも、色を味方にすればこんなに素敵になるのです。

テクニック2

アクセントカラーを効かせる

テーブルコーディネートのセオリーでは、色相環図（注1）で対角線上にある色、つまり「補色」をアクセントカラーとして考えます。同系色も素敵ですが、補色を効かせるとお洒落感がぐっと増します。食卓全体で補色を使う割合は、ベースの色に対して二割程度が基本。何となく締まらない、写真映えがしない……と感じたら、是非このテクニックを使ってみてください。

ENOWA YUFUINのテラスでのナチュラルモダンなテーブルコーディネートです。木のテーブルにはテーブルクロスを敷かず、アースカラーのテーブルウエアを選択。テーブル装花もスモークツリーでさっくりとナチュラル感を演出しました。全体的には「トーン」（注２）が低くなっているので、「補色」である「トーン」の高いオレンジのボトルを加えることで、食卓に一気にメリハリがつきます。

注１：色相環図　「色相」とは、有彩色の赤や青などの色みのこと。虹に見られる赤から紫への色の変化が再び赤へと一巡するサークルを「色相循環」と呼び、「色相環図」で表す。アメリカの画家のアルバート・マンセルが創案した「マンセル表色系」やノーベル化学賞を受賞したドイツのヴィルヘルム・オストワルトが創案した「オストワルト表色系」が有名。
注２：トーン　「明度」ともいう。最近はSNSなどの写真の加工でもよく目にする「明度」。最も明度が高いのが「白」で低いのが「黒」。

テクニック2 アクセントカラーを効かせる

深川製磁で紹介したテーブルコーディネートです。深川ブルーといわれる瑠璃色の陶板、蓋付飯碗も瑠璃釉のものを使いました。全体としては青磁を多く使い、鈴蘭を活けたのも青磁の器。それに合わせてテーブルクロスも緑に。陶板や蓋付飯碗の瑠璃色が引き締め役を担っています。瑠璃釉は室内では濃く発色しますが、自然光の下では透明感あるブルー（52ページ参照）に。窯元によって瑠璃釉の発色は違います。是非お気に入りの瑠璃色を見つけてください。

木目のテーブルと博多曲物の通い盆の上に、陶祖李参平窯の器を並べて晩酌の設えを。ここでも瑠璃色の片口とぐい呑みを締め色として効かせています。淡い色彩の紫陽花や胡蝶蘭とのコントラストも際立ちます。

陶祖李参平窯の瑠璃釉は素朴で繊細な色合い。シンプルな素麺が、フランスのジャカード織の名門ガルニエティエボーのランナーを敷くだけで一気におもてなしの雰囲気に。瑠璃色の器を自分流にアレンジするのは有田焼ならではの楽しみです。

テクニック3

光を取り入れる

カトラリーで

築200年、有田で一番古い木造建築である赤絵町の今泉今右衛門家の本家客間にて。江戸時代の日本家屋ならではの情緒漂う食卓に、クリストフルの銀製のカトラリーを。輝きがクリスタルガラスのグラスに共鳴して、食卓に光を集めているのがわかります。

西洋の食卓史の重要な課題の一つは、電気のない時代、薄暗い石造りの館での食卓にいかに光を取り入れるかということでした。凝った文様や家紋をあしらって磨き上げられた純銀の器やカトラリー、そしてクリスタルガラスのグラスの輝きは、薄暗さの中で、昼も夜も光を放つ存在だったのです。本書でも、和室での自然光のみでの撮影の際は、想像以上にテーブルの上が暗く、「食卓に光を集める」ことは大きな課題でした。ここで紹介している、折敷などにカトラリーとワイングラスをセッティングするスタイルは「クロスオーバー」または「新日本様式」といい、食のスタイルの多様化に対応して生まれたものです。

テクニック3
光を取り入れる

クリスタルで

100ページ同様、今泉今右衛門家でのテーブルコーディネートでは、サンルイのプラチナ箔のワイングラスの他に、十四代今右衛門が旅先で集めたオールドバカラのコレクションの一部を使用させていただき、秋草などを飾りました。グラスを置くたびに食卓に光が通い、ほの暗い和室に明るさと軽やかさが増していきます。

シルバーのトレイで

シルバーのトレイは面積も広く、レフ板のように一気に食卓を明るくします。ここではイギリスのヴィンテージシルバーのトレイに陶祖李参平窯の錆釉の銚子、染付のぐい呑みを並べ、手塩皿にはお酒のアテをのせました。紫陽花や器の映り込みも美しく、有田焼との相性は抜群です。

十三代柿右衛門が晩年を過ごした離れの縁側にて（10ページ参照）。この日は大雨で、縁側でさえ暗く、趣はあるものの設えとしては光が欲しいところでした。使用したのはクリストフルのジャルダン・エデン。まるで金屏風のように光を集め、柿右衛門の器と美しく共鳴しました。

テクニック4

異素材との組み合わせ

テーブルコーディネートには、「異素材」との組み合わせが欠かせません。ここでは、第一章で使用した、有田焼と相性がよく、なおかつ新鮮な印象をもたらす異素材アイテムを厳選して紹介します。「有田焼＝和食器」という思い込みは無用。フランスのリネン、クリスタルグラス、イギリスのアンティークシルバー、博多曲物やナンタケットバスケットなど自由に組み合わせてみましょう。見たこともない有田焼の表情が見えてきます。

漆器と

漆器を「真行草」に例えると、輪島塗は「真（正格）」、ここで使用した越前塗の隅切り膳は「行（真と草の中間）」や「草（風雅）」ではないでしょうか。日常からハレのシーンまで使えて重宝するタイプです。テーブルクロスの青色と、朱赤の隅切り膳のコントラストも鮮やかです。

十五代柿右衛門のご自宅にて、迎春の設えを。厳かな新春の食卓に漆器は欠かせません。漆器のお膳は輪島塗の田谷漆器店作。波文様の蒔絵が豪華です。お椀は我が家に伝わるもので、共箱には菓子椀の表書きがありましたが、松竹梅に鶴とめでたい文様尽くしなので雑煮椀に見立てました。柿右衛門窯の器で格調高いハレのテーブルコーディネートに。

テクニック4

異素材との組み合わせ

ファブリックと

イギリスではテーブルクロスを敷かず、テーブルのマホガニーの質感を生かすのとは対照的に、フランス式のテーブルセッティングは必ずテーブルクロスを敷きます。同じテーブルクロスで食卓を囲むことは「平等である」ことを意味しています。最も格が高いリネンは、白の麻のダマスク織。硬質な焼き物を柔らかく縁取る効果もあります。

クリスタルと

上／食卓の印象が重くなりがちな磁器と合わせる「異素材」として、最もおすすめなのはクリスタルグラス。繊細にして華やかなグラスは、和食器のコーディネートに優美さを添えます。写真はサンルイのアンティークのデキャンタとワイングラスです。

左／骨董尽くしのテーブルにクリスタルグラスを。グリーンの色付きグラスはラリックのアンティーク、隣はオールドバカラです。色付きで高さがあることで食卓がぐっと華やかに。低めのグラスは、いくつか並べて花器にしても素敵です。

ヴィンテージシルバーと

上／フルコースのおもてなしはハードルが高くても、紅茶と菓子と果物なら気軽に友達をお招きできます。柿右衛門のティーセットに、イギリスアンティークのメロンシェイプのティーポットを合わせました。クリスタルグラスや曲物などの異素材も取り入れて軽やかに。

左／1900年頃に作られた香蘭社のティーセットと、イギリスアンティークのティーケトル。同時代のもの同士が生み出す美しい空間です。高さのあるティーケトルやティーアーンはホールウエアといい、カトラリー類をフラットウエアと呼ぶのと区別しています。

曲物と

有田焼と相性のよい伝統工芸品として「博多曲物」があります。写真は「通い盆」。本書ではシルバーのティーポットとカップ&ソーサー（11ページ左下参照）や片口とぐい呑み（99ページ上段参照）と合わせました。曲物は、料理を直接のせても素敵です。

ナンタケット バスケットと

籠物はものによってカジュアルになりすぎますが、ナンタケットバスケットは格をキープしつつ軽やかさを演出してくれます。朝食のセッティングに合わせて、ブレッドケースに見立てたナンタケットバスケットに、ル ジャカール フランセのナプキンを敷いて。

アクリルと

アクリルの折敷はモダンな器をより引き立てたり（70ページ参照）、水面を覗くガラスのような役割をしたり（127ページ参照）、モダンに見せる効果があります。他のアイテムをカジュアルにしすぎないことと、モダンな有田焼に合わせることを心がけましょう。

テクニック5
テーブルクロスに頼る

白と黒のテーブルクロスは是非お持ちいただきたいアイテムです。まず、暗くなりがちな和室での設えに大活躍するのが「白いテーブルクロス」です。その例が柿右衛門窯（八ページ、一三六ページ）と辻精磁社（三四ページ）です。食卓にレフ板のように光を取り込むと同時に、子孫繁栄や長寿を願う文様を描いた上絵の美しさを引き立てる、キャンバスのような役目も果たします。では「黒いテーブルクロス」はどうでしょう？　黒いテーブルクロスを使ったコーディネートを私は、「反則技」と呼んでいます。ブラックドレスと一緒で、誰が使っても失敗なく、モダンでスタイリッシュに仕上がるから。本書では畑萬陶苑（八〇ページ）で黒いテーブルクロスを使っています。

テーブルクロスは旅先のフィレンツェでオーダーしたアイボリーの麻の無地。ナプキンはフランスのル ジャカール フランセの麻のダマスク織で、織模様は朝顔です。同じ白のリネンでも、微妙なカラーの違いや織の違いで表情に起伏をつけることができます。

白と黒

左／黒のテーブルクロスを敷く場合は、モノトーンのグラデーションカラーを合わせて緩急をつけます。右は明るいグレーのナプキンに、シルバーのナプキンリング。実はクリストフルの箸置きなのですが、ナプキンリングに応用してみました。左のナプキンはチャコールグレー。トーンを繰り、粋なムードを演出します。

テクニック5 テーブルクロスに頼る

色と柄

ルネサンス時代にメディチ家のカトリーヌ・ド・メディシスがフランスのアンリ2世に嫁ぐことで、イタリアの豊かな食卓文化がフランスへ持ち込まれたことは、皆様もご存じでしょう。フランスのテーブルウエアにはイタリア文化へのオマージュを感じさせるネーミングをよく見かけます。この鮮やかなテーブルクロスは、フランス・ボーヴィレ社の、リアルトというシリーズの一枚。トリノの宮殿をイメージしているそうですが、どこかしらオリエンタルな雰囲気も。クロスオーバーのセッティングにとても似合います。

上のオレンジのリアルトのシリーズは色違いで何枚も持っているほど、私のお気に入り。このグレー系もよく使っています。例えば花を買いにいく時間がない日、器が無地で食卓が寂しいとき、この一枚を広げるだけで食卓が華やかになります。ここでは井上萬二窯の白磁の煎茶セットに合わせました。本書では古美術西山での、江戸時代の染錦の器と合わせた柄 on 柄のコーディネートでも使用（152ページ参照）。かなり個性的で難易度も高いのですが、テーブルクロスの柄に頼ることで、独自の世界観を作る醍醐味を味わえます。

着物の柄のような雰囲気をもつ、フランスのル ジャカール フランセのテーブルクロスとナプキン。文様の歴史を辿ると、中東からヨーロッパへ、また中東からシルクロードを経て中国、日本へ伝わったものなど起源が同じものがあります。有田焼の文様は中国の柄がオリジナルのことも多く、テーブルクロスと有田焼を合わせるのは、東西の文化の交流を食卓の上で感じる作業でもあります。

テクニック6

モダンに見せるには

モダンに見せるテクニックのセオリーはただ一つ。「モダンなアイテム以外をテーブルにのせない」。これに尽きます。せっかく黒いテーブルクロスを敷いて、モダンなシェイプのグラスを飾っても、カトラリーにアールヌーボー風の草花がしっかり浮き出たような文様が入っていたら台無しに。カラーもモノトーンを基本に、アクセントカラーは一色、割合も一割くらいを目指してください。そしてシルバーアイテムを使うこと。さらにモダンなテーブルコーディネートに限っていえば、テーブルクロスを敷かずにテーブルの質感を生かすこともありなのです。とはいえ、時代ごとにモダンの定義も変わっていきます。最近トレンドのナチュラルカラーなど旬の色も取り入れて、自分なりの「モダン」なスタイルを目指してみましょう。

上左／モダンなアイテムを、和のテーブルコーディネートに一点加えると抜けが生まれます。バカラのアイスペールは花入れにも活躍。左下のバカラの花瓶は染付の器と合わせても素敵です（10ページ参照）。

下右／シルバーの輝きはクールな雰囲気を作るのに重宝します。シンプルなフォルムのワインクーラーやトレイは、アリタポーセリンラボのテーブルセッティングでも大活躍しています（62ページ参照）。

下左／同じモダンでもこれは「カジュアルモダン」なスタイリング。人間は彩度の高い色の比率が高まるとカジュアルな印象を抱きます。賑やかな夏のガーデンパーティなどで是非お試しください。

114ページ／このコーディネートは最近のトレンドに一番近いかもしれません。ナチュラルな質感やカラーの中に器を並べていくと自然と「新しいモダン」に収まっていく……李荘窯業所の器が持つ力を感じます。

上右／「モダンな有田焼」はアリタポーセリンラボのためにある言葉。刷毛塗りのプラチナは衝撃的な美しさです。テーブルの大理石の質感と、古伊万里草花紋の器を重ね、モノトーンのラグジュアリーモダンを実践。

上中／黒の麻のテーブルクロスとナプキン、縁のない黒の折敷、そしてモダンなシェイプのステムの細いグラス。これぞ王道モダンな４アイテムです。これらさえあればなにを合わせてもお洒落に決まります。

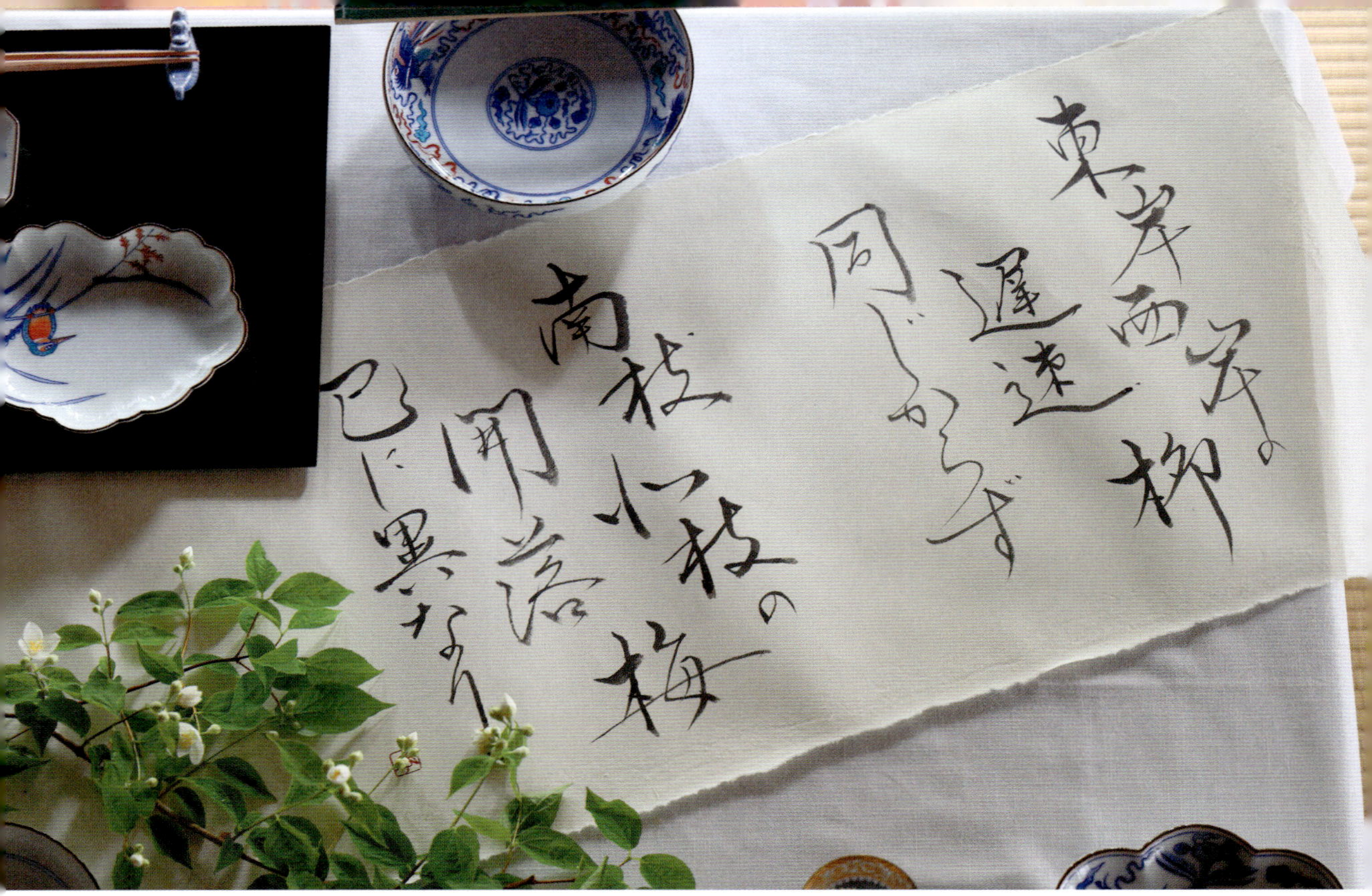

上／辻精磁社にて。『和漢朗詠集 巻上 早春』の一節を書にしたため、テーブルランナーとして食卓に走らせました。「書」と有田焼の親和性は高いのですが、だからこそどこかにモダンさを加えて時代性を表現しなくてはなりません。ここでは「書」を大胆に斜めに走らせ、器の存在感を邪魔することなく、そのバランスを図りました。

左／柿右衛門窯にて。「竈の火は消えても、胸の火は消えぬ」。この一節を歌舞伎扇子に見立てた扇子に墨で書きました。『名工柿右衛門』が十一世片岡仁左衛門によって演じられたことを知らなければ、歌舞伎扇子に見立てているとも気づかないかもしれません。お茶事に招かれたときのようにおいしいお菓子とお茶をいただきながら、ゆっくりと設えの物語を読み解いていきましょう。

テクニック7
物語を食卓に

私は「物語を食卓に」というテーマに、この数年取り組んできました。本書の中でも実践し、一つのスタイルとして完成したと感じています。柿右衛門窯での戯曲『名工柿右衛門』（八ページ）、井上萬二窯『天守物語』（二〇ページ）、今右衛門窯での「菊慈童」（二六ページ）、辻精磁社『和漢朗詠集 巻上 早春』（三六ページ）、そして深川製磁『華の人』（五六ページ）。大切なことは物語と器の親和性と、ゲストが共感できる客観性があることの二点だと思います。このアプローチは、ナラティブなものが求められている現在、古いようで新しいテクニックではないでしょうか。難しく考えずに、食卓という限られた空間の中で想像力を羽ばたかせ、皆様の大好きな物語を再現してみてください。

井上萬二窯にて。「天守夫人 富姫」そして「図書之助」——泉鏡花の『天守物語』の主人公の名前です。この物語には秋草の名前の侍女たちが沢山登場します。そこで、秋草を活けたところに登場人物の名前を短冊にしたため散らしてみました。幽玄で幻想的でありながらハッピーエンドの物語は、食卓の話題にもふさわしく。

Breakfast 朝食

是非とも挑戦してみたかった朝食シーンは、深川製磁のチャイナ・オン・ザ・パーク「敏子メモリアルガーデン」の桜の木の下で実現しました。朝のおもてなしはあまり日常的ではありませんが、晴れた日曜日、朝ごはんのために早起きするのもいいものですよ。

テクニック8

シーンに合わせて設える

フランス式のテーブルセオリーでのセッティングや、イギリスのアフタヌーンティーのセッティングを「有田焼」で表現してみたい。それにふさわしい場所で、すべて一つの窯のシリーズで揃えて。本書で挑戦したかったことの一つです。各窯元様の全面協力のもと、洋のすべてのシーンのテーブルコーディネートを実現できました。そして気づいたのは「セオリー、つまりスタイルが洋であれば有田焼も洋食器に見える」ということです。これは取りも

Dinner 正餐

キャンドルスタンドは高さがあり、テーブルのアクセントになると同時に、「どうぞ日が暮れるまでゆっくりお過ごしください」とゲストへメッセージを伝えるアイテムでもあります。でもセッティングしていいのはディナーだけ。他のシーンでは使わないように。

Lunch 昼食

洋食器の形は意外にバリエーションが少なく円形がほとんどです。それに比べて和食器は器の形そして大きさが多種多様にあります。写真のように器の形が鮑形だったり縁が花型だったり。それが洋食器との違いであり、有田焼の楽しいところでしょう。

直さず、有田焼は設え方次第でフランス風にも、イギリス風にもモダンにもなる……という発見でした。この法則は他の和食器にもいえることだと思います。百貨店の食器売り場では洋食器が中央を陣取り、和食器が端のほうにあって少し寂しい気持ちになります。有田焼はお手持ちの洋食器と合わせると輝きを増すポテンシャルを持っていること、さらに新しい世界観を作れるものであることを、是非知っていただきたいと思っています。

Afternoon tea アフタヌーンティー

英国式の紅茶教室を主宰している私は、今回、明治時代の古陶磁を使って同時代の洋館でアフタヌーンティーテーブルを設えることができ、格別に気持ちが高揚しました。当時からイギリスでは、女性たちはお茶を飲みながら噂話に花を咲かせていたとか。明治時代、どんな人が何をお喋りしながらこのティーセットを使っていたのでしょうね。

Coffee コーヒータイム

ブラックホーソンのコーヒーカップとコーヒーポットは、どちらも輸出用に作られたものですが、何らかの理由で日本に残っているとても貴重なものです。ティーアーンは紅茶道具ですが、保温機能のあるポットの役割を果たすものとして、ここではコーヒー用に見立ててセッティングしました。

Tea ティータイム

イギリスにはティーと名の付く習慣が沢山あります。ベッドタイムティー、イレブンジス、クリームティー、ハイティーなど。アフタヌーンティーはイギリスでは大切な人をおもてなしする格式の高い設えです。写真はスコーンと紅茶を楽しむクリームティーをイメージしてセッティングしました。

Digestif 食後酒

ヴィクトリア時代のイギリス、男性は食後酒を前にシガーに火をつけ、煙をくゆらせつつ経済や政治の話をしたそうです。文明開花の日本もそんな西洋の文化を真似たのでしょうか。今はほとんど見かけませんが、香蘭社にもシガー用のどっしりとした灰皿があります。

Aperitif 食前酒

数年前にブームが到来、今ではすっかり定着したアペリティフ。柿右衛門窯の洋食用に作られた器にキャビアやフルーツを盛り付けて、ロゼシャンパンをグラスに注いで乾杯。フレンチスタイルの花を飾れば、有田焼でのアペリティフタイムのスタートです。

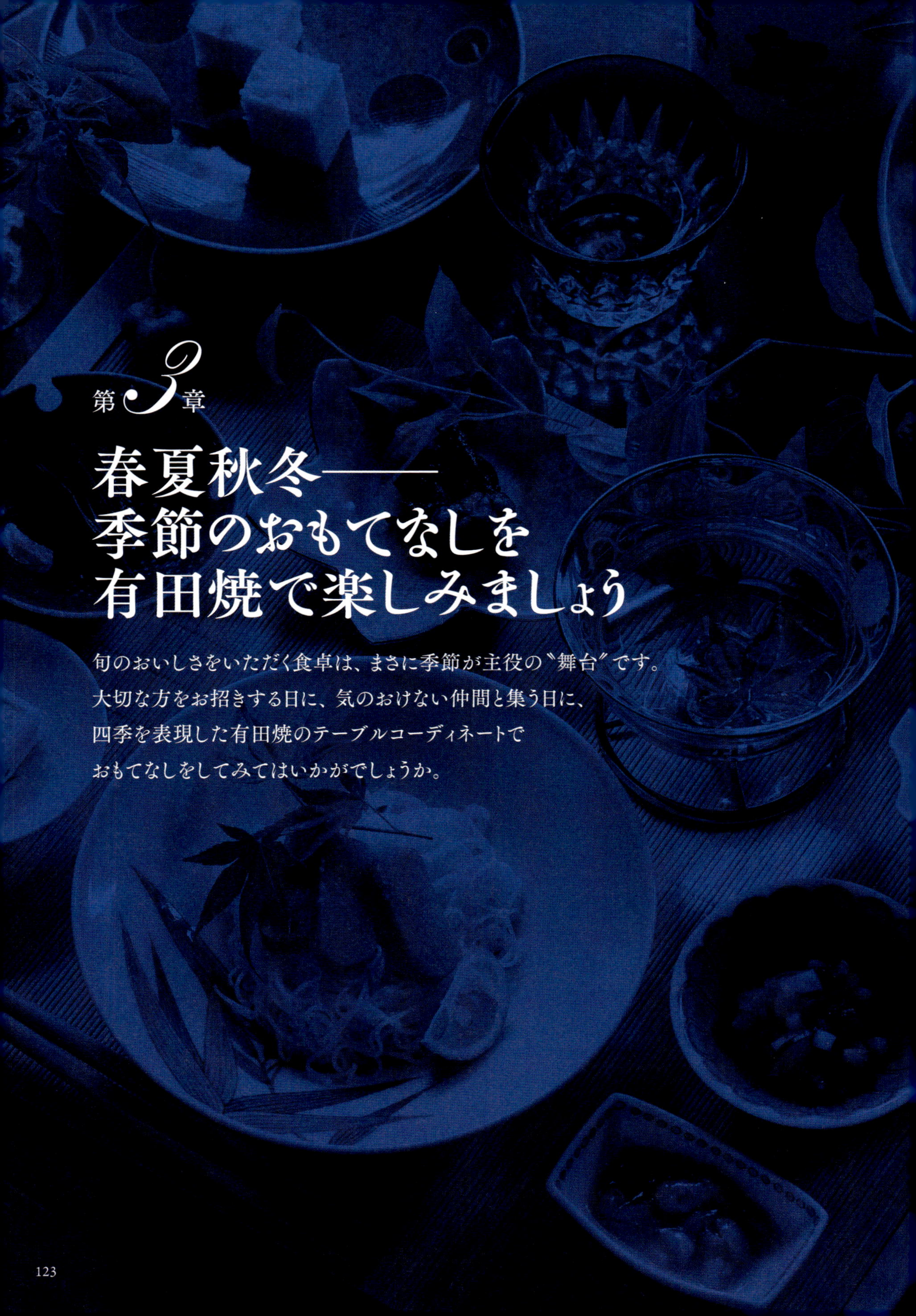

第3章

春夏秋冬――
季節のおもてなしを
有田焼で楽しみましょう

旬のおいしさをいただく食卓は、まさに季節が主役の〝舞台〟です。
大切な方をお招きする日に、気のおけない仲間と集う日に、
四季を表現した有田焼のテーブルコーディネートで
おもてなしをしてみてはいかがでしょうか。

春——桜色の茶話会

水面に浮かぶ花筏を食卓に再現してみましょう

花曇りの日、川岸の桜並木。折からの風にひらりひらりと舞う花びら。そんなイメージでコーディネートした春色の食卓です。桜をテーマにした器はこれまでにもたくさんありましたが、そのほとんどが花や木の「形」にフォーカスしたもの。今回コーディネートに使ったアリタポーセリンラボの「JAPAN CHERRY」は、はかない「桜色」で日本の花を表現しました。「形」がないからこそ、釉薬が醸し出す独特のムードが際立ち、使う人の想像力をかきたてます。食卓で花筏を楽しむように、桜の茶話会を始めましょう。

高さのある器・CONIIC 段重 桜、茶菓子を入れた器・JAPAN CHERRY 八角銘々皿 鍋島桜、桜の干菓子を入れた器・JAPAN CHERRY 銘々皿 毘沙門花車、ティーポットとティーカップ＆ソーサー・JAPAN CHERRY 古伊万里草花紋、急須 湯呑2個セット・JAPAN CHERRY（ベビーピンク）、箸置き・JAPAN CHERRY スレート箸置 ヤエ／以上すべてアリタポーセリンラボ

夏——夕涼みのおもてなし

様々な形の器に酒肴を少しずつ。「涼」をテーマに設えてみました

涼を感じる文様を夏に用いるのは、日本古来の知恵でした。冬のものと思われがちな雪輪文様をあえて夏の浴衣にすることも多いですね。さわさわと風を感じる竹笹も涼を伝える植物です。暑かった一日をほっと振り返る夕涼みの食卓には、墨はじきで描かれた雪の結晶や錦笹絵の器に、酒肴をとりどりに盛り付けて、キリッと冷えた冷酒で乾杯。夏の渓流で見事な狩りをする翡翠の香炉を、そっと飾ってみました。

上段左・色絵吹墨墨はじき丸紋高台皿、上段右・色絵吹墨墨はじき雪文鉢、中段左から・色絵吹墨墨はじき雪文盃、色絵吹墨墨はじき雪文皿、中段右・色鍋島唐花文小鉢、下段左から・錦笹絵千代口、錦笹絵刺身鉢、染付鍋島菊唐花文小鉢、錦笹絵小皿、一番下の段・色鍋島金魚箸置き、色鍋島牡丹文小鉢、130ページ／色絵吹墨墨はじき雪文翡翠香炉／以上すべて十四代今右衛門作 色鍋島今右衛門技術保存会作

秋

実りのティーパーティ

器の中に隠れた兎を探すのも楽しい昼下がり

だまし絵のように、花の中にうずくまる兎を描いた深川製磁の「鍋島花兎」。この図柄は明治期を代表する深川様式の一つ。あちこちに可愛い兎が隠れた器に、ハーベストシーズンにふさわしいたっぷりのフルーツやお菓子を並べたら、ティーパーティの始まりです。花やテーブルクロス、ナプキンは秋色で統一。繊細なグラヴィールが施されたアンティークグラスが、秋の日差しを優しく反射します。

鍋島花兎 三道具（水指、乳入、砂糖入）、鍋島花兎 菓子皿、鍋島花兎 菊割紅茶碗皿、鍋島花兎 コンポート、鍋縞花兎 チョコレートトレー／以上すべて深川製磁

冬——新春を寿ぐ食卓

凛とした初春の空気の中、名工への尊敬の心を込めて

第一章の柿右衛門窯のページでもご紹介した『名工柿右衛門』。その戯曲にある台詞「秋が来れば 自ずと柿まで色がつく 然かも其の色が生々として 目が覚めるやうじゃ」。熟した柿の実の色を見て、自然の造形の見事さに初代柿右衛門が心を打たれるシーンです。やわらかい乳白の生地に柿右衛門の赤絵が美しく映える器を並べた初春の食卓。焼き物の道に命を懸ける名工たちに思いを馳せながら、清らかな思いで新年を迎えます。

136ページ／右上の器・皿（6.5寸縁反）染錦 松梅文、左上と右下の器・皿（方形）桃柘榴文、左下の器・額皿（7寸桔梗縁）梅竹鳥文、中央奥・三段重 吉祥文、手前左・三段重 松竹梅文、酒器 銚子揃 松竹梅文、小さい器・珍味入（百合形小）梅花文、珍味入（蓋付浅）岩牡丹文、139ページ／中央・皿（7.5寸菊形）吾木香文／以上すべて柿右衛門窯

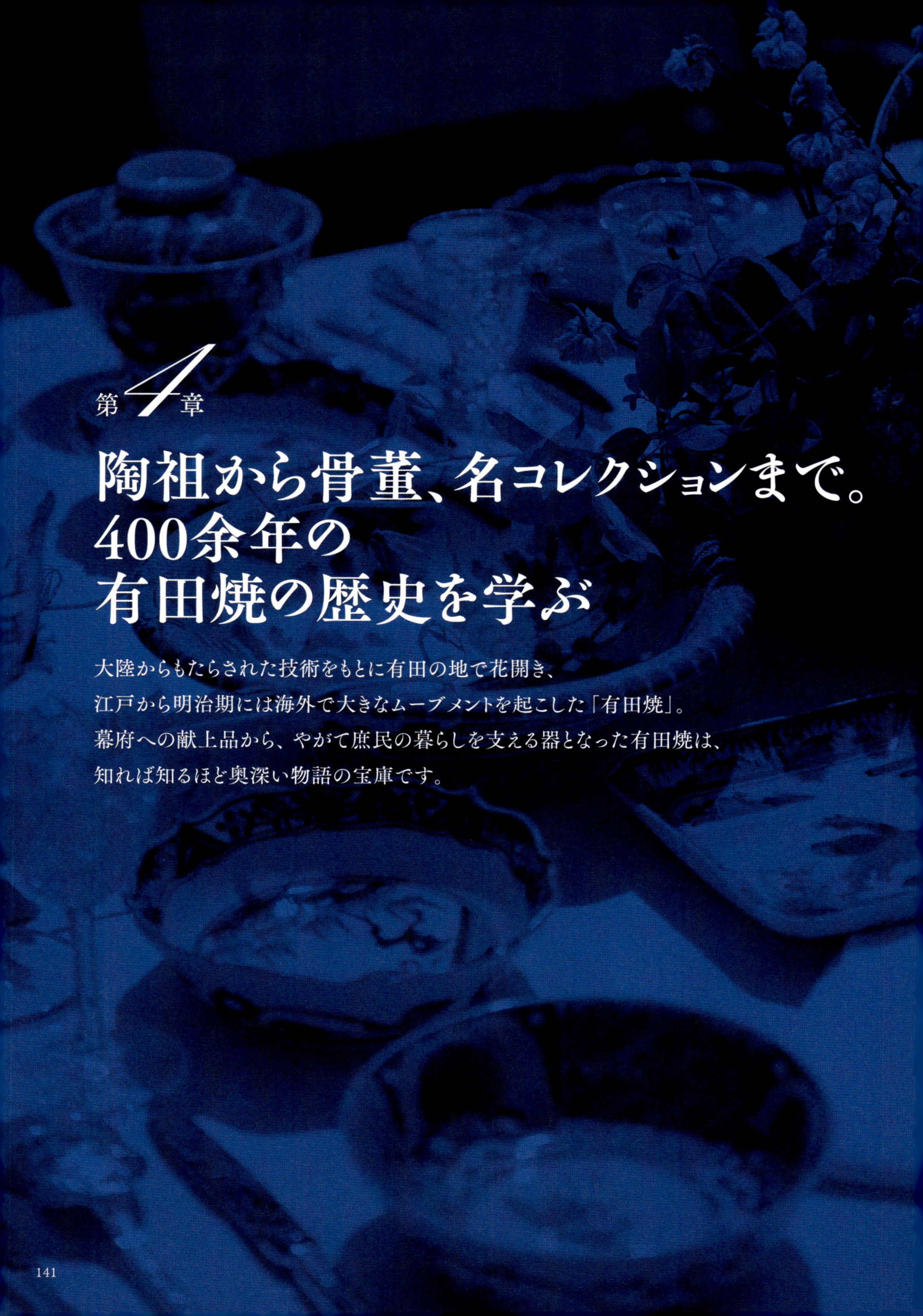

第4章

陶祖から骨董、名コレクションまで。400余年の有田焼の歴史を学ぶ

大陸からもたらされた技術をもとに有田の地で花開き、
江戸から明治期には海外で大きなムーブメントを起こした「有田焼」。
幕府への献上品から、やがて庶民の暮らしを支える器となった有田焼は、
知れば知るほど奥深い物語の宝庫です。

陶祖李参平窯

有田焼の創始者として敬愛され祀られている初代陶祖李参平《りさんぺい》（金ヶ江三兵衛）（注1）。有田のシンボルともいうべき泉山磁石場《いずみやまじせきば》や陶山神社を巡りながら有田の窯業史や泉山の陶石の特徴などを学びます。

泉山磁石場。有田皿山地区にあり、有田焼が大きな発展を遂げた理由の一つとなる〝単味で使える〟世界でも類を見ない陶石を豊富に産出してきました。有田皿山は、内山、外山に区分され、石場（当時は土場と表記）の陶石の使用も区別されており、泉山の土場を管理する人は「土穴持免許状」、採石する人は「土伐り札」、土を窯元へ運搬する人は「土荷札」と佐賀藩より札を発行され、藩の許認可の元、採掘が行われていました。有田焼400年の歴史を支え続け1980年（昭和55）に国の史跡（一部）に指定。現在は熊本県天草の陶石を使う窯元が多く、ほとんど採掘は行われていません。

大陸から技術を持ち込み、奇跡の陶石と巡り合った初代陶祖李参平の夢と技術を、未来へとつなげていく

十四代李参平。四代目で一旦途絶えた窯業を十三代目が復活。陶祖李参平の子孫として泉山の陶石にこだわり作陶を続けています。

山野　泉山磁石場が発見される前から、実は有田では磁器焼成が始まっていたそうですね。

十四代李参平（以下李参平）　金ヶ江《かながえ》家文書によると先祖の金ヶ江三兵衛（初代陶祖李参平）は鍋島直茂公によって佐賀に連れて来られ、家老の多久家に預けられて磁器生産に従事していたようです。一六一〇年頃に有田に移住したといわれています。

山野　言葉もわからない、文化も違うところで大変だったはずですよね。

李参平　信念のあるリーダーだったのでしょう。現在、有田の南原《なんばる》地区にある天神森窯跡や小溝上《こみぞうえ》窯跡が、移住した当時の窯で、そこからは陶器の上に磁器を積んで焼成したものが出土しています。泉山は発見されていない頃で、今はダムがある龍門の近くで採れる陶石を使っていましたが、歩留まり（注2）も悪く失敗も多かったようです。

〝単味で使える〟陶石が採れる泉山磁石場の発見により本格的な磁器生産が始まる

李参平　初代は泉山磁石場が発見された一六一六年（元和二）に、泉山近くの天狗谷窯に居を構えました。

山野　天狗谷窯跡（注3）の近くには川も流れています。石を運んで、水簸《すいひ》して陶土を作ってという磁器焼成のための環境が整っていた

独楽筋錆瓶（こますじさびびん）。独楽筋に天然の錆を使っている。焼成時の炎の加減によって錆の表情が変わります。

泉山大壺。泉山陶土をろくろで仕上げた形のまま、素焼きもせず、施釉もせず、登り窯で50時間焼成したもの。

磁石場採掘跡から英山（はなぶさやま）を望む。採掘坑の大きさは南北約400m、東西約250m。坑内にはツルハシの跡が残っています。採掘坑内は立ち入り禁止。

んですね。

李参平　泉山の石がすごいのは、単味で使える世界に例のない陶石だというところです。

山野　単味で使えるとは？

李参平　何も混ぜず、泉山の陶石だけで磁器を作れるということです。磁器の陶土にはガラス質を作る珪石（注4）とカオリン（注5）という成分が不可欠なのですが、泉山の陶石にはその両方が含まれています。カオリンの名前の由来となった中国・景徳鎮にある高嶺山の陶石も単味では使えず他の石を混ぜていますし、美濃も蛙目《がいろめ》粘土と木節《きぶし》粘土を混ぜています。

泉山磁石場の地続きにある石場神社の境内にある、初代陶祖李参平像。石場神社は石切場の隣にある石場の守り神で、氏神様でもあります。祀られているのは高麗神。

山野　泉山の陶石なくして有田の窯業の発展はなかったということですね。

生地の強さは温度より焼成時間で決まる

山野　李参平窯では今も登り窯での焼成をされているとか。

李参平　ガス窯と登り窯の両方を使います。

山野　登り窯は有田にあるのですか？

李参平　窯にも寿命があるので、江戸時代の登り窯で残っているところはありません。現在は武雄市にある二室タイプのものを、いくつかの窯元と共有して一緒に焚いています。

山野　登り窯とガス窯との大きな違いは？

李参平　時間と熱量ですね。窯の温度を一三五〇度にするのにガス窯は八～九時間ですが、登り窯だと四六～七時間かかります。

山野　そんなにかかるのですか？

李参平　はい。生地を焼き締めるのには、温度に加えて時間が大事。確かに一三〇〇度で三〇分でも焼き締めはできます。しかし一二五〇度で一〇時間焼いたほうがしっかり焼き締められる。専門的なことをいうとムライト（注6）という結晶体がたくさんできるからで、例えば江戸時代と現代の焼き物をカチンとぶつけたら、現代の焼き物が割れます。それは江戸時代の焼き物のほうが圧倒的に熱量が多いからなのです。

1888年（明治21）に奉納された磁器製の鳥居。2020年（令和2）に修復作業が行われ、白磁と天然呉須の淡いブルーが蘇りました。

鳥居も狛犬も磁器で作られた陶山神社に祀られている、初代陶祖李参平に見守られながら

山野　今日は陶山神社にもご案内いただきました。

李参平　初代が亡くなった直後の一六五六年（明暦二）に「八幡社」として創建、後に「陶山神社」と呼ばれるようになった場所です。主祭神は応神天皇ですが、佐賀藩鍋島直茂と陶祖李参平が合わせて祀られています。

山野　白磁に天然呉須の淡いブルーで絵付けされた磁器の鳥居と狛犬は、泉山と並んで有田のシンボルですね。

李参平　鳥居は二〇二〇年（令和二）に、狛犬と台座は二〇二四年（令和六）の五月に修復作業が終わり元の場所に戻ってきました。

山野　神社にも焼き物が使われているなんて、この土地ならではです。

李参平　日本人は焼き物に囲まれて暮らしている、海外には類を見ない民族だと思います。私は初代の思いを受け継ぎ、有田焼の初期の製法を守りながら、暮らしの中で愛される有田焼を作り続けていきたいと思っています。

陶祖李参平窯

佐賀県西松浦郡有田町幸平2-1-3
電話 0955-42-4722

泉山磁石場

佐賀県西松浦郡有田町泉山1-4
見学時間 日没まで　見学無料

陶山神社

佐賀県西松浦郡有田町大樽2-5-1
電話 0955-42-3310

注１：初代陶祖李参平　李参平は有田焼創始期の陶工で、泉山の発見に功績があった。「初代金ヶ江三兵衛」の通称。
注２：歩留まり　ある品目を製造した際に、商品となりうる良品の割合をいう。ここでは焼成をした後に商品として売れる焼き物の割合のこと。
注３：天狗谷窯跡　金ヶ江三兵衛が関わったとされる登り窯。国の史跡で、見学自由。
注４：珪石　二酸化珪素（SiO2）。シリカとも呼ばれ、ガラスや陶芸の材料になる。
注５：カオリン　長石を含む岩石の風化によってできた粘土。カオリナイトなどが主成分。名は産地であった中国の江西省の景徳鎮近くの山、高嶺（Kaoling）に由来。
注６：ムライト　ケイ酸アルミニウムの化合物。天然にはほとんど存在しないが磁器の中には普通に生成される。

陶山神社の上にある李参平の碑からは、有田の内山の街並みを一望できる。泉山に支えられてきたこの景色は、400年前から変わっていません。

佐賀県立九州陶磁文化館

九州陶磁文化館では、有田焼などの肥前磁器を中心に九州各地の陶磁器の展示を無料で見学することができます。鈴田由紀夫館長に、常設の第1展示室「有田焼の歴史」、第2展示室「柴田夫妻コレクション」の見どころを伺います。

展示室を巡りながら江戸時代へタイムスリップ。有田焼に導かれて、三〇〇年の歴史を旅しましょう

山野　二〇二二年（令和四）四月にリニューアルされたという第1展示室は、すごく現代的ですね。

鈴田由紀夫九州陶磁文化館館長（以下鈴田）　ここは七つの部屋に分かれていて一巡りすれば、有田焼が苦労して始まった時代から、海外に飛躍した時代、江戸時代の日本人の暮らしを支えた時代、西洋文化に合わせて変わっていく時代、そして今とこれからまで見ることができます。有田焼は朝鮮の磁器焼成の技術を元にしていますが、そこに中国の技術そして日本の陶工たちの技、その三つ巴の中で

上・有田の生き字引といわれる鈴田由紀夫九州陶磁文化館館長。お話が面白くてついつい引き込まれてしまいます。下・佐賀県立九州陶磁文化館。

佐賀県立九州陶磁文化館

佐賀県西松浦郡有田町戸杓乙3100-1
電話 0955-43-3681
開館時間 9:00〜17:00
定休日 月曜日（祝祭日の場合は開館し、翌日火曜が休館）・年末年始（12月29日〜1月3日）

有田焼ができ上がっていくことが肝なのです。

朝鮮の技術を基本に中国的な意匠を表現した初期伊万里。やがて柿右衛門と鍋島が誕生する

山野　朝鮮の技術は経緯としてわかりますが、中国の技術が求められたのは何故ですか？

鈴田　朝鮮の焼き物は、侘び茶の世界で大切にされ肥前では唐津焼に受け継がれていきます。一方で江戸時代は景徳鎮から輸入される色絵や染付の焼き物への憧れがありましたので、日本の一般のマーケットが欲しがったのは中国の磁器に準ずるものだったのです。次第に日本的な工夫がなされ、グレードが上がっていきます。

有田を代表する窯元が総力を上げて作製した有田焼からくりオルゴール時計。30分毎に巨大な（径70cm）の文字盤が開き、華やかな照明が点灯。約３分間のショーが繰り広げられます。

山野　そして柿右衛門と鍋島が完成する……。

鈴田　ヨーロッパの趣向に合わせて柿右衛門様式が完成したのが五代目柿右衛門の頃です。そして佐賀藩鍋島家が徳川将軍に献上するという別の目的の焼き物が現れます。その二つの美を見比べる展示は見どころの一つです。赤を綺麗に見せる柿右衛門の美と、鍋島という献上の格式ある格調の美と、美としてのタイプが違うので、そこをよく見てください。

山野　美のタイプですか？

鈴田　柿右衛門の赤を綺麗に見せる磁肌は濁《にごし》手《で》といって乳白色です。それに比べて鍋島の美しさはなんといっても染付にあります。ですから磁肌も青みがかっているでしょう？

山野　本当ですね。白だと思っていましたが全然違いますね。見比べるとよくわかります。

有田へと里帰りしてきたドレスデン磁器コレクションと蒲原コレクションも必見

鈴田　海外輸出コーナーの見どころはなんといってもドレスデンのアウグスト強王（注1）のコレクションです。二〇〇年以上大切にされていたものが、様々な事情で売りに出されて、回り回って有田へ里帰りしました。

山野　どうやってアウグスト強王のコレクションの一部だとわかったのですか？

鈴田　皿の裏に日本磁器であることを示す記号「＋」と「N：375」という数字が書いてあるのです。それがアウグスト強王の目録と一致したのです。

山野　すごい！　このようなストーリーのある一枚を見るために訪れるのもいいですね。

鈴田　当館には蒲原コレクションというものも展示しています。こちらは海外輸出されていたものを有田町出身の蒲原《かんばら》権《はかる》氏が買い戻し、有田町に寄贈されたものです。

山野　豪華絢爛ですね。まさに金襴手様式。大きめの壺や大皿など宮殿に飾るものが中心ですね。

鈴田　ヨーロッパから戻ってきた古伊万里の美術品の特徴としては、染付のブルーに赤と金の三色を使っていることですね。それから蓋や脚の部分に金属が付いています。これこそがヨーロッパから戻ってきた証で、純粋な古伊万里のようで実はヨーロッパとのコラボレーションなのです。

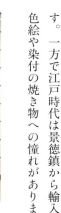

菊花形小皿

山野　柿右衛門の蓋付き壺に金属のつまみや脚が付いているのは有田ではなく輸出先のヨーロッパで付けられたものだったのですね。

鈴田　器と江戸時代の暮らしの関係がわかるように工夫した展示もあります。江戸前期は江戸や大阪でも肥前磁器が独占していましたが、江戸後期は瀬戸・美濃の生産が始まるので、江戸の人たちは肥前・瀬戸・美濃そして京都の焼き物などいろいろ使っていたのです。江戸の暮らしの展示の後には、西洋の文化が入ってきて一気に洋食器の需要が高まった頃の作品を集めました。

山野　日本の近代西洋化が一目でわかります。

柴田明彦氏のコレクターとしての慧眼が冴える珠玉のコレクション

山野　第2展示室はいよいよ柴田夫妻コレクション（注2）ですね。コレクションにはコレクターの趣向が反映されるといいますが、こちらの特徴は何でしょうか？

鈴田　江戸時代三〇〇年の歴史を網羅していること。そしてほとんどが国内向けの焼き物であること。これに尽きますね。

山野　柴田さんは最初から体系的なコレクションを目指されていたのでしょうか？

鈴田　実は違うのですよ。最初は一六七〇～八〇年代の染付の変形皿を収集することから始められたそうです。染付の柿右衛門版ともいうべき優美で繊細な変形皿です。

山野　確かに魅力的な皿ばかりですね。まだ日に二食、しかも一汁一菜の質素な食事をしていたであろう当時の人々が、これほど手の込んだ細工の小皿を使っていたとは……。なんと贅沢なのでしょう。

鈴田　柴田さんはこの染付の前後にどういう器が作られていたのかが気になって、研究者的な視点で収集しているうちに、体系的な江戸時代の総合見本帳のようなコレクションが完成しました。中国の朱琰《しゅえん》が書いた『陶説』という書物の中に「焼き物を見るとその時代の政情や趣向がわかる」とあります。柴田さんは有田焼を年代別に並べると、その時代の経済や趣味と完全にリンクしていることに収集を通じて気付かれたのです。このコレクションを年代順に見ることで、目の前にある有田焼を楽しみながら、江戸時代三〇〇年の追体験ができます。例えば、この時代はあまり繊細さはないけれどすごくパワフルだとか。

山野　九州陶磁文化館は、初期の肥前磁器から明治の焼き物までの変遷を俯瞰できる場所なんですね。

注1：アウグスト強王　ザクセン選帝侯フリードリヒ・アウグスト1世(1670～1733)。通称アウグスト強王。マイセン磁器の製品開発や技術向上の見本として東洋磁器を多数収集。総点数は2万9000点と膨大で、そのうち約8000点が今なおドレスデンに残されている。文化館ではアウグスト強王のコレクションであったことを示す記号と番号入りの八角皿を見られる。

注2：柴田夫妻コレクション　柴田明彦(1940～2004)・祐子(1944～)ご夫妻から寄贈されたもの。14年にわたって寄贈され、1万311点の一大コレクションとなる。有田の磁器を網羅的・体系的に収集した、世界的に見ても類例がなく、学術的にも極めて貴重な資料。2006年(平成18)には国の登録有形文化財(美術工芸品)に工芸部門の第一号として登録された。

150ページ／上・色絵団鳳凰梅牡丹文菊花形小皿 有田（1680～1710年代）、中右・色絵花鳥牡丹唐草文皿 有田（1690～1710年代）、中左・色絵松竹梅岩鳥文輪花皿 有田（1680～1710年代）、下・色絵慢幕桜牡丹文 壺・瓶 有田（1700～1730年代）すべて柴田夫妻コレクションの展示から。展示は定期的に入れ替わります。

柴田夫妻コレクション（九州陶磁文化館地下1階）の入り口。

古美術 西山

有田駅から徒歩圏にある古美術 西山は、宿坊「心月」、日本料理「保名《やすな》」のオーナーが営む古美術店。有田らしく江戸時代や明治時代の古伊万里が充実しています。

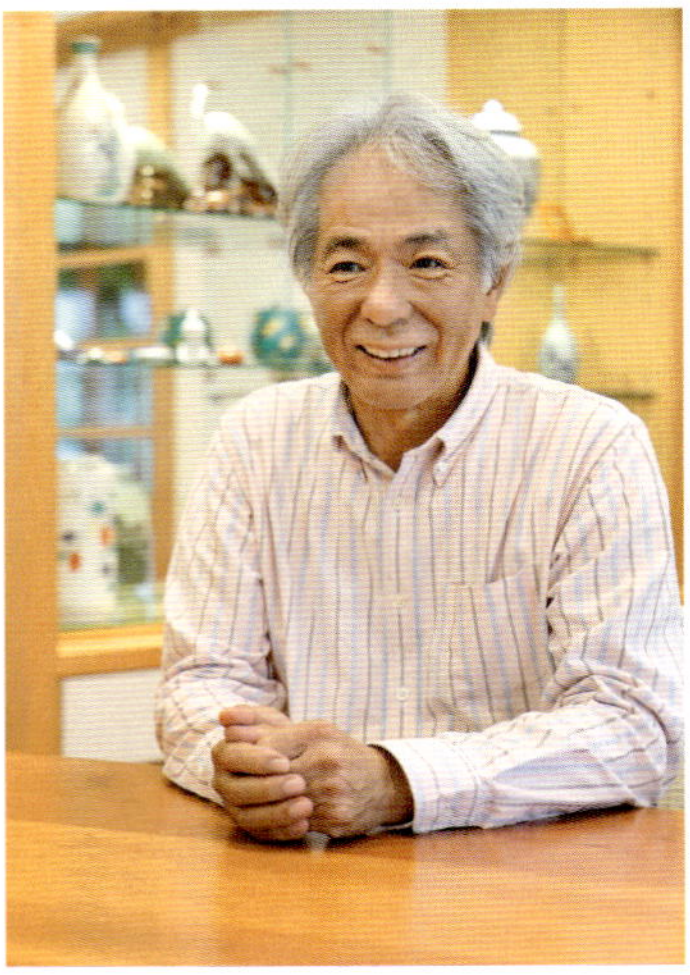

上／古美術 西山 主人 西山保広さん。骨董が初めての人にも丁寧に指南してくれます。

左／初期伊万里から江戸時代の古伊万里、明治期の伊万里そして有田の現代作家、工芸家の作品まで圧巻の品揃え。

【テーブルコーディネートに使った器】
左上のお膳・皿　古伊万里染錦皿（1700～1740）
左下のお膳・皿　古伊万里柿右衛門手陽刻皿（1680～1700）、
蓋付き碗　古伊万里染錦蓋物（1750～1800）
中下のお膳・皿　古伊万里染錦千鳥絵皿（1700～1720）
食卓中央の鉢物　明治伊万里精磁会社製大鉢（1879～1897）
食卓中央の銚子　柿右衛門染錦銚子（1680～1690）

日本史上最も平和で、文化が爛熟した江戸時代。その時期の染錦をメインにした「染錦尽くしのテーブルコーディネート」に、フランスのボーヴィレ社のプリントのテーブルクロスを合わせてみました。器もテーブルクロスも個性的で、難易度の高い組み合わせですが、色彩に統一感をもたせれば綺麗にまとまります。染付の部分の青をバンダ（蘭）の紫で、上絵の部分の赤を芍薬の赤でつなぎます。全体が重くなりすぎないようにアンティークバカラのグラスで軽やかさを加え、カトラリーや箸置きもモダンなデザインをセレクトし、バランスをとりました。

江戸時代以降、庶民の食卓を彩ってきた器の数々。骨董で作るテーブルコーディネートに宿る、特別な楽しみ

山野　古美術店というと大変敷居が高い印象がありますが……。

古美術　西山主人　西山保広さん（以下西山）　うちは宿坊や日本料理店を併設していますので、そこで実際に使って気に入った器を購入されたいというお客様が多いんですよ。

山野　お料理がのっていると使うシーンが浮かびますので、欲しくなってしまいますよね。とはいえ骨董を購入する前に、最低限これだけは知っておくべき……という古伊万里の基礎知識を教えていただけたらと思います。

有田焼（古伊万里）を購入する前に知っておきたい四つの様式

西山　まず覚えていていただきたいのは、骨董店で有田焼を売買するときには「有田焼」とはいわず、「伊万里」や「古伊万里」という呼び方をするということ。ご存じとは思いますが、一八九七年（明治三〇）に有田に鉄道が開通するまで、有田焼は伊万里港から輸出されていましたので。そして、有田焼には四つの様式があるということ。初期伊万里様式、柿右衛門様式、古伊万里様式（注1）そして鍋島様式です。鍋島様式だけは骨董のマーケットとしては例外に当たりますね。

山野　それはまたどうしてですか？

西山　鍋島は佐賀藩鍋島家が徳川家への献上品として藩窯で作っていた磁器ですので一般には流通しておらず、マーケットに出たとしても、手が届くような値段ではないからです。

山野　つまり古美術の扱いになるんですね。骨董との違いはどこなのでしょうか？

西山　古美術とは一般に一〇〇年以上前に作られた美術的価値の高いもの。初期伊万里や初期色絵、最盛期の柿右衛門などがそれに当たります。小林秀雄さんの著書（注2）の中の「骨董」の一説に「骨董はいじるものであり美術は鑑賞するものである」とあります。一見難解な文章ですが、私たちが美術館では絵画や器の鑑賞を一生懸命するのに、日常に使う器には無頓着な様を批評していますね。

入門におすすめの骨董は普段の食事のために作られた江戸時代後期の染付

西山　入門として私がおすすめするのは、骨董の中でも江戸時代後期に作られた染付などです。これらは日本で初めて普段の食事のために作られた器です。

山野　まさにいじるためというか使うための器ですね。今回、江戸時代の染付尽くしをテーマにテーブルコーディネート（一五五、一五六ページ）しましたが、すべて江戸時代中期から後期のものから選びました。

西山　山野さんが使われた染付の器の補足をしますと、一部を除き古伊万里は茶陶の文化ではないので、器の呼び方も茶懐石の器とは違います。例えば四角い皿（一五六ページ写真上

江戸時代の染付だけを使った「染付尽くしのテーブルコーディネート」。テーブルクロスとナプキンを白にすると、152～153ページで使った染錦の磁肌が乳白色なのに対して、染付の磁肌は、呉須の青を引き立てるためにほんのりと青いことがわかります。呉須の青も年代によって色合いが異なり、窯元によっても独自の青絵具を使うので色の風合いに違いが出ます。

【テーブルコーディネートに使った器】

写真上／中央・古伊万里染付鮑形皿1750～1800年代、
左上・古伊万里染錦馬絵角皿1800年代、
右・古伊万里染付輪花型なます皿1750～1790年代
写真右上／手前から・
古伊万里染付鳥絵膾皿1760～1780年代、
古伊万里染付輪花型膾（なます）皿1750～1790年代、
古伊万里染付楼閣山水図組皿1800～1850年代、
古伊万里染付仙人図蓋物1800～1850年代
写真右下／古伊万里染付手付き瓶1800年代

江戸時代の骨董も洋のセオリーでセッティングするとそのスタイルに溶け込んでいきます。好きなものを並べて、骨董を日常の暮らしに取り入れて楽しみたいものです。

／左上）がありますね。

山野　馬が描かれていて、色絵の上絵付けがあるものですね。

西山　これは「平向付」と呼ばれる懐石用のものです。古染付（注3）や織部（注4）に見られる形で、数寄者が有田にも注文したものと思われます。このような茶懐石用の器は例外ですね。同じテーブルコーディネートで使った「鮑形皿」（一五六ページ写真上／中央）。これは茶懐石では「向付皿」といわれるものですが、有田では「鮑形皿」といいます。

山野　鮑形のお皿に波や貝が描かれているのも面白いですね。

西山　有田には輸出品以外に日常用の器が充実していました。例えば染付の蓋付きご飯茶碗（一五六ページ写真右／奥）は「広東形」といわれ、一七八〇年代によく作られたものです。また染錦のテーブルコーディネート（一五二〜一五三ページ）に使われた蓋付きご飯茶碗は「端反《はそり》形」といい、江戸時代後期に作られたものです。

山野　蓋付きご飯茶碗はテーブルコーディネートでいうところの立ち物（ホールウエア）で見栄えもしますし、蓋を開けた時の期待感もあり、日常にもおもてなしにもいいですね。

自分が好きだと思うものを選び、自由にコーディネートしてみると骨董の世界が広がります

西山　色絵はやはり「柿右衛門」が人気です。コーディネート（一五二〜一五三ページ）で使われた八角形の銘々皿は一六八〇〜一七〇〇年代のもので五枚揃って箱入りです。この時代の柿右衛門は銘がないので何代目かはわかりません。箱がついていなかったり一枚だったりすると相場は安くなります。それから柿右衛門の銚子（一六八〇〜一六九〇年代）などはなかなかマーケットに出てきませんね。テーブルの中央に置いた精磁会社（注５）製の大鉢、これは明治時代のものですが、会社自体が十八年しか存在していなかったので希少価値があります。精磁会社製のものは若干値が張りますが、それ以外の明治期の伊万里は入門にはおすすめです。

山野　私は今回、直感で自分が好きな器、そして江戸時代中期から後期のものにフォーカスして選んでみましたが、合わせるテーブルウエアで洋にもモダンにも設えられると感じました。

西山　最初からあまり高価なものに手を出さず、そして何より自分が好きなものを選ぶことが大切だと思います。骨董を日々の生活に自由に取り入れていただけたら嬉しいですね。

上・宿坊「心月」のダイニング、「瑞」の壁面に所狭しと並べられた美術品の花瓶。宿泊者は古伊万里に囲まれて食事を楽しむことができます。すべて購入可能。下・敷地内には、骨董を扱う「古美術 西山」と宿坊「心月」、そして日本料理「保名」が。写真は「古美術 西山」のエントランス。

注１：古伊万里様式　古伊万里とは江戸時代の伊万里焼。特に元禄期の金欄手を意味することが多く、ここでも金欄手様式を指している。
注２：小林秀雄さんの著書　『モオツァルト・無常という事』小林秀雄著（新潮文庫）。
注３：古染付　中国明時代末期の崇禎年間（1628〜1644）に日本の数寄者からの注文で江西省景徳鎮の民窯で作られた染付・青花のこと。器の底にある「五良大甫呉祥瑞造」の銘から一部をとって祥瑞と呼ばれることも。
注４：織部　千利休の弟子であった古田織部の指導の元に焼かれた織部好みの美濃焼。
注５：精磁会社　1879年（明治12）に香蘭社から独立した会社。皇室や国賓の迎賓施設でも精磁会社の食器が使われていたが、経営難で惜しくも1897年（明治30）に終焉を迎える。

古美術 西山
佐賀県西松浦郡有田町本町丙833- 4
電話 0955-42-2733（日本料理「保名」と同じ）
営業時間 11：30〜17：00（不定休）

おわりに

二〇二三年の夏のことでした。
「テーブルコーディネートの本が作りたいのです。
有田焼の窯元を巡って、その器を使って。
そして窯元のご当主にインタビューもして」
思えば唐突で、有田焼への愛と情熱だけが先走った
私の申し出を受け止めてくださった
世界文化社「家庭画報ドットコム」の
鈴木東子編集長との出会いなくして、
本書が生まれることはありませんでした。

撮影が始まった二四年の三月から
いったい何度、有田へ通ったことでしょう。
窯元の皆様には常に温かく、篤く迎え入れていただき、
工場を見学させていただいたり、
美術館をご案内いただいたり、
果ては窯の中にまで……。
わからないことを繰り返しお尋ねしても、
その度に丁寧に教えてくださって、
有田焼に関わる皆様の「有田を知ってほしい」という
熱い思いが伝わってくるようでした。

写真家の松隈直樹さんは
「すべて自然光で撮影してほしい」という
私の要望に熱意をもって応えてくださり、
有田の空気感をとらえ、有田焼の美しさを
芸術的な写真にしてくださいました。

多くの方の協力があって完成した写真が、
デザイナーさんによって美しくレイアウトされ、
私の拙い文章が編集の方々に整えられ、
素敵な見出しがついて少しずつ形になっていく過程に、
毎回胸が躍ったものです。

最後になりましたが、取材・撮影に
多大なるご協力をいただきました、柿右衛門窯、
井上萬二窯、今右衛門窯、辻精磁社、香蘭社、
深川製磁、アリタポーセリンラボ、李荘窯業所、
畑萬陶苑、陶祖李参平窯、佐賀県立九州陶磁文化館、
古美術 西山、ENOWA YUFUIN（以上敬称略）の皆様に
心より御礼申し上げたいと思います。
本当にありがとうございました。

本書を手に取ってくださった皆様に
有田焼の魅力が、そして有田焼を食卓に設える喜びが
伝わりますよう祈ってやみません。

二〇二四年一二月

山野舞由未

山野舞由未（やまの まゆみ）

テーブル ＆ スタイリング 主宰、
食空間プロデューサー
テーブルスタイリスト

子供のイギリス留学に伴いイギリスに語学留学。英国式紅茶と食卓芸術に興味を持ち、数名の講師にテーブルコーディネートを師事。帰国後、百貨店やギャラリー、東京ドームでの「テーブルウェア・フェスティバル～暮らしを彩る器展～」などでのイベントやトークショー、スタイリング、セミナーのほか、ウェッジウッド、フランスリネン ボーヴィレ、ロイヤルクラウンダービー、ドイツの名窯ニュンヘンブルグ、イギリスアンティークシルバー、アリタポーセリンラボ、深川製磁などのブランドのスタイリングを多数手がける。エレガントで華やかな食空間の演出にファンが多い。紅茶とテーブルセッティングの教室を主宰。学IWATAYA 定例講座講師。福岡県在住。
撮影　大見謝星斗（世界文化HD）

名窯を巡る、季節を飾る
有田焼で楽しむ テーブルコーディネート

発行日　2025年2月5日　初版第1刷発行

著者　山野舞由未
発行者　千葉由希子
発行　株式会社世界文化社
〒102-8187
東京都千代田区九段北4-2-29
電話 03-3262-5134（編集部）
電話 03-3262-5115（販売部）

印刷・製本　株式会社リーブルテック
DTP制作　株式会社明昌堂

装幀　椋本完二郎
撮影　松隈直樹　延 秀隆
校正　伏見ひかり
編集　鈴木東子

ISBN 978-4-418-25403-3